LEGO® Bau-ideen Autos

Text von
Hannah Dolan
Modelle von
Nate Dias

INHALT

Einleitung 4

Geländewagen 6
Raketenauto 8
Fahrgestelle 10
Rennauto 12
Tierische Autos 14
Stoßstangen und Spiegel 16
Autoscooter 18
Familienauto 20
Autos für Minifiguren 22
Autorikscha 24
Oldtimer 26
Lustige Extras 28

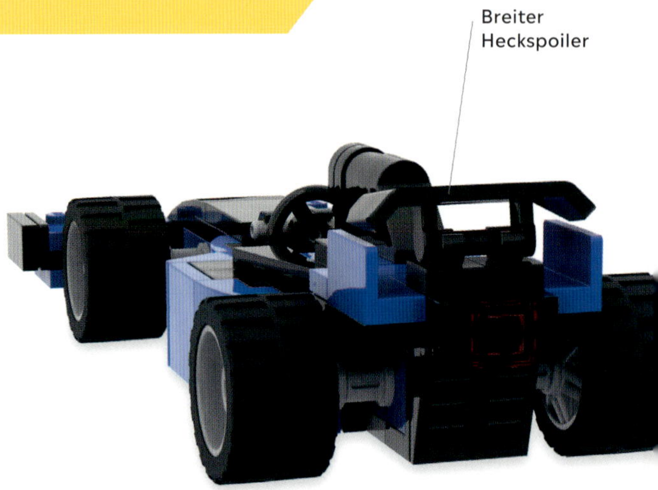

RENNWAGEN, SEITE 42

Stadtauto 30
Mondrover 32
Motoren 34
Quad 36
Golfwagen 38
Räder und Verbindungen 40
Rennwagen 42
Hotdog-Wagen 44
Umgebaute Autos 46
Londoner Taxi 48
Pick-up 50
Umgebaute Pick-ups 52
LEGO® Stein Auto 54
Sportwagen 56
Autos im Mikromaßstab 58
Unterwasserauto 60
Fahrerloses Auto 62

FAHRERLOSES AUTO, SEITE 62

BAUMEISTER NATE DIAS

Alle Autos in diesem Buch hat Nate Dias entworfen und gebaut. Tagsüber ist er Physiklehrer, nachts ein LEGO® Baumeister! Er ist der Gewinner der ersten Serie der englischen TV-Show LEGO® Masters.

Wann hast du angefangen, mit LEGO® Steinen zu bauen? Mit fünf Jahren. Als ich zwölf war, hörte ich damit auf – und dank eines meiner Dozenten an der Uni fing ich damit wieder an.

Welches LEGO® Element magst du am liebsten? Die 1×2-Platte, weil sie das kleinste Element ist, mit dem man in mehr als einer Richtung bauen kann. Für dieses Buch war am brauchbarsten die 2×2×2/3-Platte mit zwei Seitennoppen. Kannst du sie finden?

Welches Auto in diesem Buch würdest du am liebsten fahren? Spaß macht das Lebkuchenauto, aber ich könnte es aufessen! Dann das Unterwasserauto. Damit könnte ich meinem Sohn Ned tolle Sachen zeigen.

AUTOSCOOTER, SEITE 18

Präsentiere deine Autos 64
Wolkenauto 66
Frisiertes Auto 68
Straßen bauen 70
Piratenauto 72
Gelbes Taxi 74
Straßenausstattung 76
Lebkuchenauto 78
Wohnmobil 80
In der Stadt 82
Eiswagen 84
Königinauto 86
An der Rennstrecke 88
Monstertruck 90
In der Werkstatt 92
Stretchlimo 94

Dank 96

PICK-UP, SEITE 50

EINLEITUNG

In diesem Buch erfährst du alles über den Bau von LEGO® Autos – von ihren Fahrgestellen und ihren Stoßstangen bis zu ihren Dächern. Du baust Familienautos und Rennwagen, einen mächtigen Monstertruck, einen Mondrover, eine Stretchlimo und sogar ein fliegendes Auto. Es geht los mit leichten Autos und wird immer schwieriger auf deiner fantasievollen Baureise durch dieses Buch. Bist du bereit?

EINZELNE BAUABSCHNITTE

Für jedes Auto benötigst du fünf wichtige Bauabschnitte. Vielleicht hast du nicht alle erforderlichen Steine, aber du musst die Modelle nicht Stein für Stein nachbauen. Die einzelnen Abschnitte regen dich mit ihren Techniken zu tollen Ideen an. Und „Ideengalerien" zeigen bestimmte Autoteile wie Fahrgestell und Motor sowie Möglichkeiten, deine Modelle auszubauen.

Das erste Bild zeigt immer das fertige Modell.

Jedes Modell wird als leicht, mittel oder schwer eingestuft.

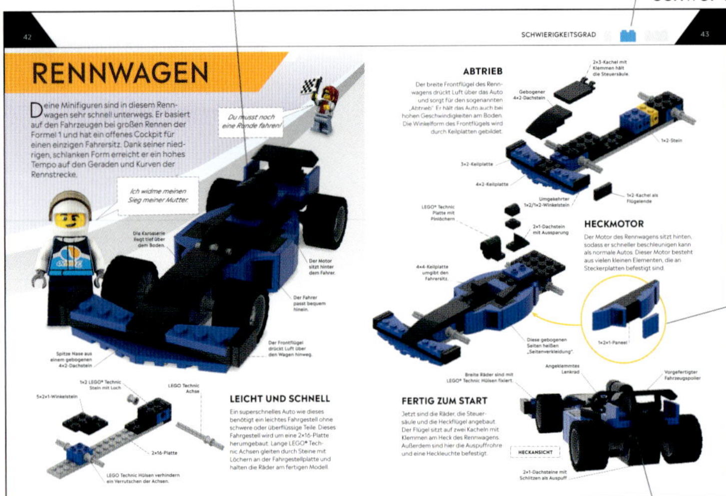

Manche Modellteile werden in diesen Kreisen weiter zerlegt.

AUTOMODELL

Das letzte Bild zeigt den letzten Bauabschnitt oder das Modell von hinten.

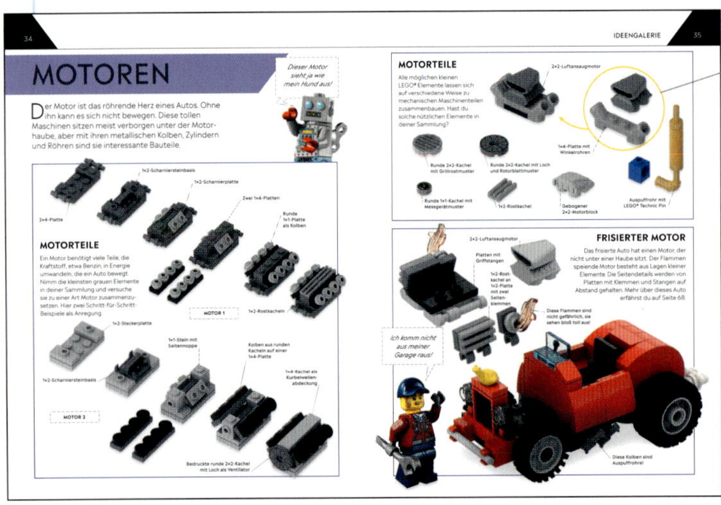

Kleinere Teile von Automodellen oder weitere Bauideen

IDEEN-GALERIE

STEINLISTEN

Alle Steine für ein bestimmtes Automodell findest du im Internet (www.DK.com/LEGOcars).

TECHNISCHE TIPPS

Diese Anmerkungen für Baumeister erklären dir einige der in diesem Buch häufig verwendeten LEGO® Begriffe.

LEGO® WÖRTERBUCH

2×3-Stein

1×2-Stein

Steine enthalten die meisten LEGO® Modelle. Sie sind nach der Zahl der Noppen oben benannt.

Noppen sind die runden Zapfen oben auf Steinen und Platten. Sie passen in „Röhren“ auf der Unterseite.

1×3-Platte

Platten ähneln Steinen, da sie oben Noppen und unten Röhren haben, sind aber viel dünner.

2×2-Kachel

Kacheln sind dünn wie Platten, haben aber oben keine Noppen.

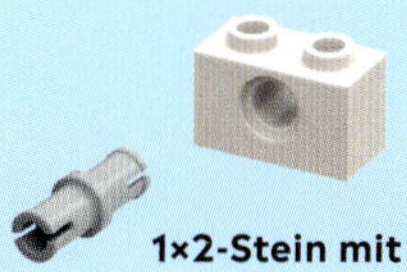

1×2-Stein mit einem LEGO® Technic Loch

Löcher in Steinen und anderen Elementen halten Verbindungsteile wie Pins und Achsen.

BAUWEISEN

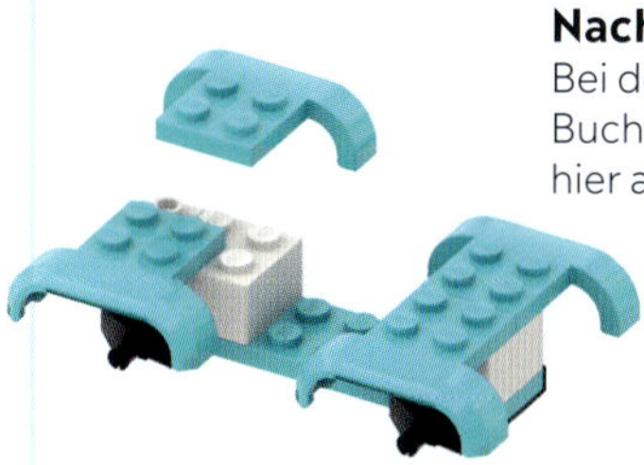

Nach oben
Bei den „leichten“ Autos in diesem Buch werden meist Elemente wie hier aufeinandergesteckt.

Platten mit Klemmen für Stangen

Bewegliche Teile oder tolle Formen baust du in deine Autos mit Scharnierelementen oder Klemmen und Stangen.

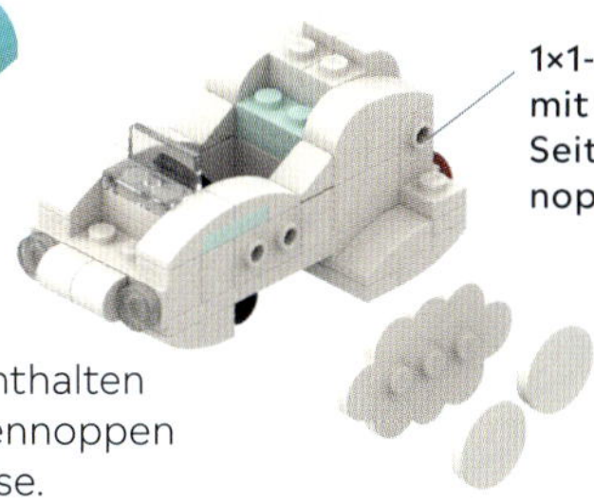

1×1-Stein mit Seitennoppe

Seitwärts
Schwierigere Modelle enthalten viele Elemente mit Seitennoppen für die Seitwärtsbauweise.

Dünne Platte hält die Räder.

Nach unten
Autoräder werden oft unter einer Autokarosserie befestigt.

MASSSTÄBE

Minifigurengröße
Wenn Minifiguren dein Auto fahren sollen, denke daran, wie breit oder groß Minifiguren sind und wie viel Platz sie innen für Kopf und Beine benötigen.

Ohne Minifiguren
Genügt es dir, dir deine Fahrgäste nur vorzustellen, kannst du Autos in jeder Größe bauen – ohne Platz für Minifiguren.

Mikromaßstab
Sorge für einen Verkehrsstau durch Bauen von Mikroautos. Verwende dafür kleine Teile auf einfallsreiche Weise.

GELÄNDEWAGEN

Dieses klassische Geländefahrzeug hat schwere Räder, ist aber nicht schwer zu bauen. Für Abenteuerfahrten hat es vier starke Räder mit klobigen Reifen, die tiefen Schlamm, steile Hügel und holprige Noppenstraßen spielend bewältigen.

STARKER START

Geländefahrzeuge brauchen ein stabiles, hohes Fahrgestell für schweres Gelände. Das hier besteht aus drei Plattenschichten. Mit der Zugstange vorn am Fahrgestell lassen sich andere Autos aus Notlagen befreien.

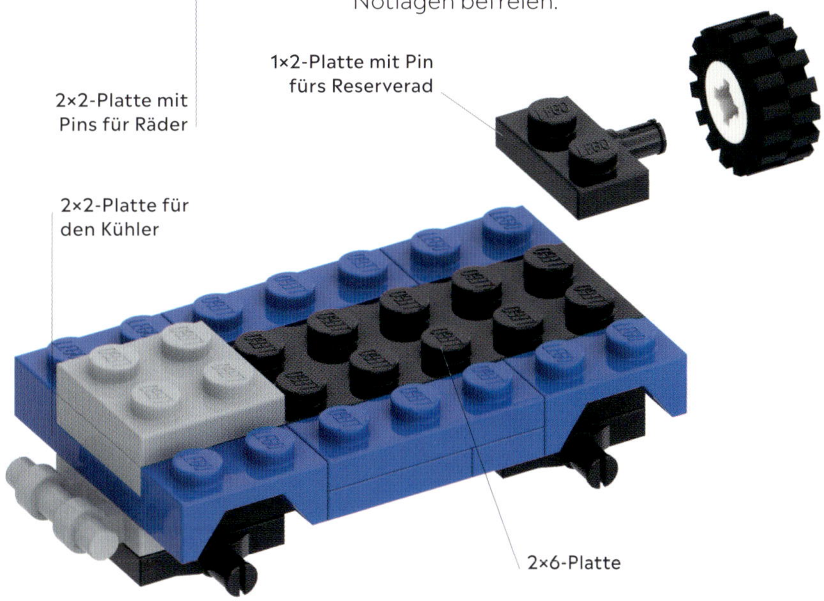

RESERVERAD

Geländewagen haben meist ein Reserverad am Heck für einen schnellen Reifenwechsel. Baue hinten an die Karosserie eine Platte mit Pin, um das Reserverad zu befestigen.

LETZTER BAUABSCHNITT

Baue die kantige Motorhaube aus Kachelelementen, die Windschutzscheibe aus zwei transparenten Dachsteinen und setze das Stoffdach zusammen.

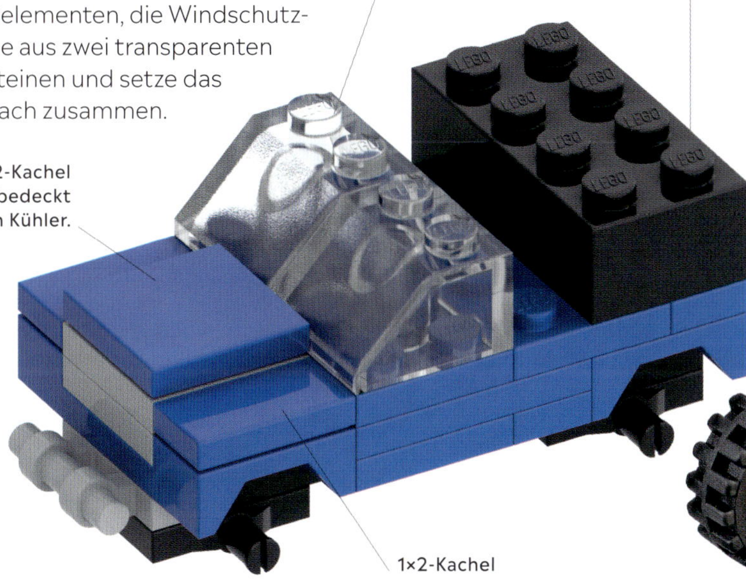

RAKETENAUTO

Diesem Auto wirst du wohl nie auf der Straße begegnen. Beim kleinsten Anzeichen eines Staus kann es seine Raketenmotoren zünden und darüber hinwegzischen. Dank der kegelförmigen Nase und den kleinen gebogenen Flügeln kann das Raketenauto blitzschnell losdüsen.

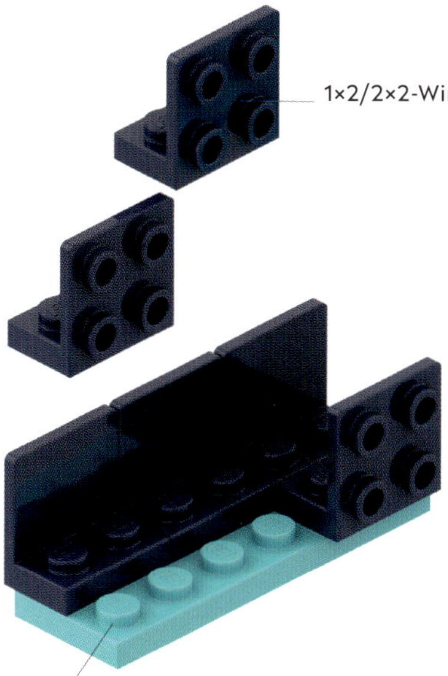

RAKETENBASIS

Die schmale Karosserie des Raketenautos wird um eine 2×6-Basisplatte gebaut. Sechs 1×2/2×2-Winkelelemente sitzen darauf, und an ihren vielen Seitennoppen kann seitwärts angebaut werden. Im Raum zwischen den Winkeln sitzt der Fahrer.

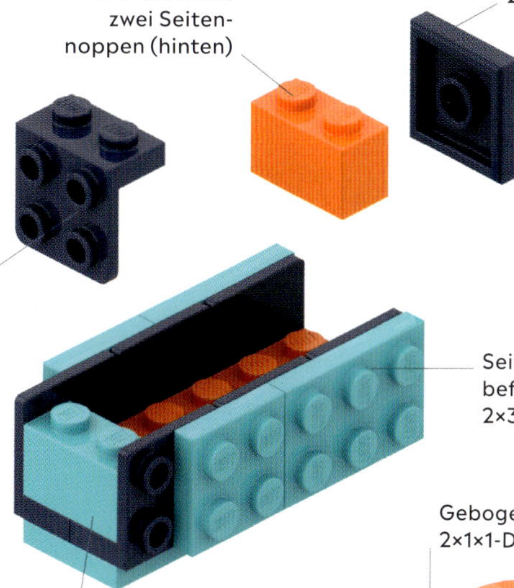

SEITENANBAUWEISE

Seitwärts anbauen sieht vielleicht kompliziert aus, ist aber einfach, wenn du weißt, welche Elemente du brauchst. Baue an Front und Heck des Autos mithilfe weiterer Elemente mit Seitennoppen an.

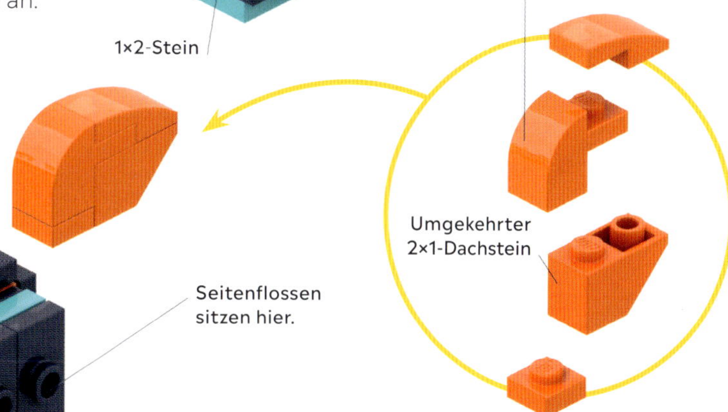

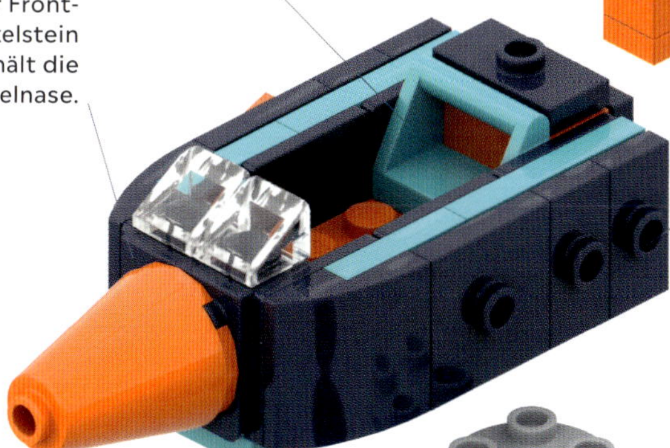

FAST FERTIG

Das Raketenauto kann gleich starten, sobald Räder und Windschutzscheibe angebracht sind. Die glatten Seiten bilden Steckerplatten für die Flossen. Die Kegelnase wird vorn seitwärts befestigt, und die obere Flosse sitzt auf der Noppe einer Steckerplatte.

FAHRGESTELLE

Ein Fahrgestell ist der Rahmen, der die Karosserie eines Fahrzeugs trägt, und daher beginnt man hier mit dem Bau eines Autos. Es gibt fertige LEGO® Fahrgestellelemente für Automodelle, aber es macht auch Spaß, ein eigenes zu konstruieren.

FAHRGESTELLELEMENT

Das Fahrgestell dieses Londoner Taxis ist in der Mitte abgesenkt. Dank der gestuften Platten an den Seiten lassen sich breitere Autos bauen.

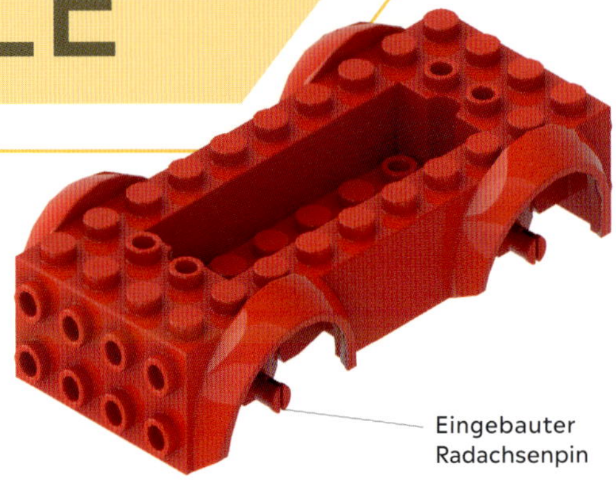

KOMPLETTES FAHRGESTELL

Das LEGO® Juniors Fahrgestell besteht aus einem Stück. Es hat Kotflügel, Radachsenpins und viele Seitennoppen.

EINFACHES FAHRGESTELL

Das Fahrgestell dieses Jeeps besteht aus wenigen LEGO® Elementen: einer schmalen 2×6-Platte und zwei kleineren Platten mit Radachsenpins.

SCHICHTFAHRGESTELL

Dieser rundliche Oldtimer ist auf einer 2×10-Platte aufgebaut, unter der eine 2×4-Platte die breitere Karosserie trägt.

Fahren Sie mich bitte zum Flughafen.

BREITES FAHRGESTELL

Dieses breite Fahrgestell liegt tief über dem Boden. Die Räder sitzen an der unteren Schicht seitlich an einer quadratischen Platte. Darauf stecken eine schmale 2×8-Platte und daneben kleinere Platten.

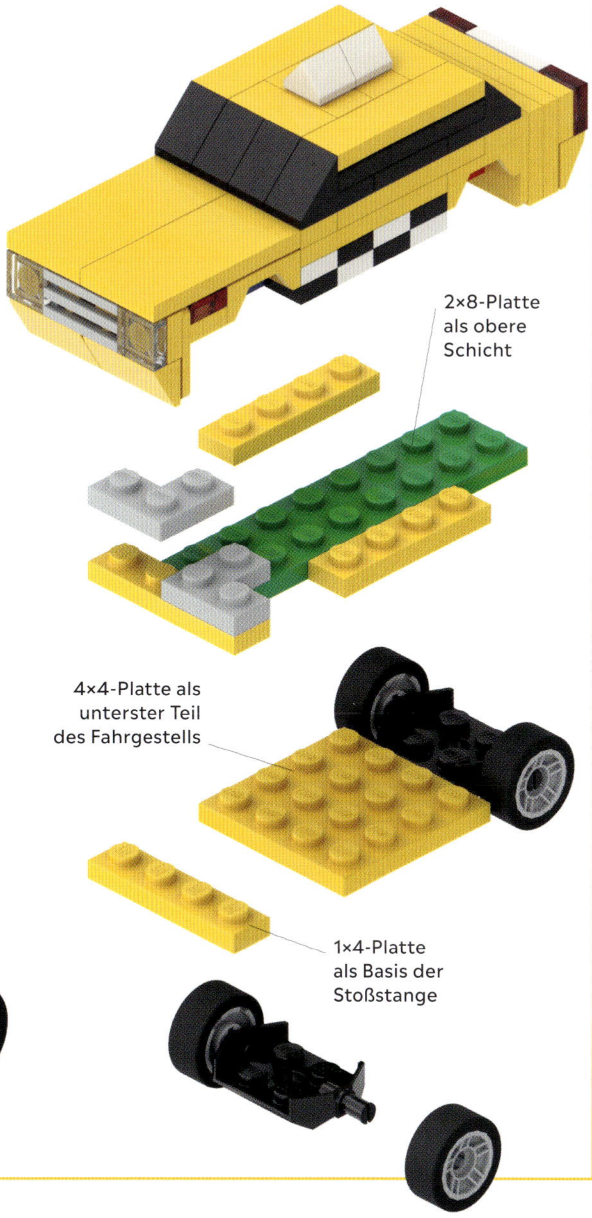

Toll gebaut! Nun ziehe ich die Radmuttern an.

RENNAUTO

Starte den Motor ... Dieses lange, schmale Auto ist so gebaut, dass es die Ziellinie einer Rennstrecke als erstes überquert. Es hat einen großen Motor und eine leichte Karosserie. Ein Heckflügel regelt den vorbeiströmenden Luftzug und macht das Rennauto unglaublich schnell.

Weitere Bauideen für Rennstrecken findest du auf den Seiten 88 und 89.

LANGES FAHRGESTELL

Ein sehr schnelles Rennauto benötigt ein langes, leichtes Fahrgestell. Dieses hier besteht aus nur einer 2×16-Platte. Sie ist an der Außenseite des Autos zu sehen und daher in einer Farbe, die zum Farbschema passt. Darunter sitzen zwei verschiedene Platten mit Radachsenpins.

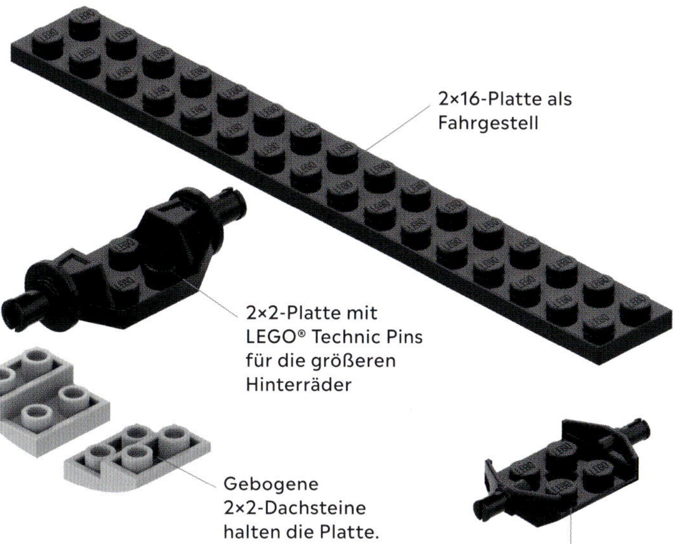

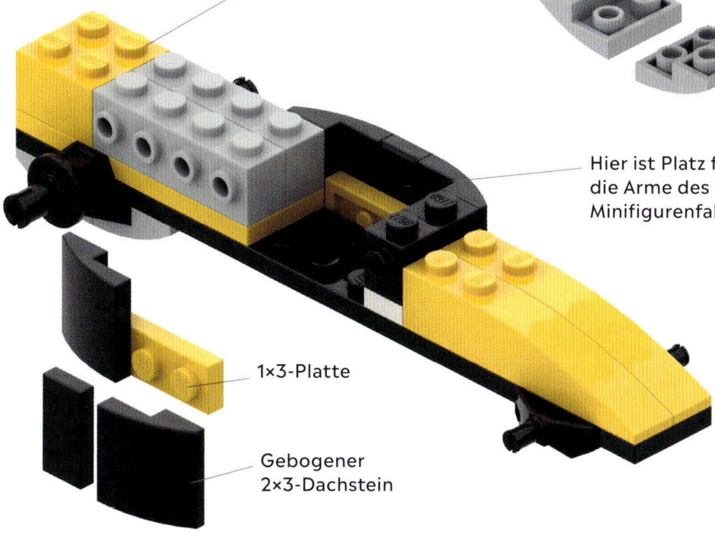

GLATTE KURVEN

Jetzt nimmt die kurvige Karosserie Form an mit einer flach abfallenden Front und abgerundeten Seiten. Denke daran, im Inneren Platz für ein Lenkrad und einen tollkühnen Fahrer zu lassen.

BEFLÜGELT

Die Heckflügelkachel wird in einem Winkel von einer Scharnierplatte an einem Scharnierstein gehalten. Die „Endplatten" regeln den Luftstrom, der über den Heckflügel streicht, und sind aus Keilplatten und Winkelsteinen. Baue noch Räder und Motor an – und los geht's!

TIERISCHE AUTOS

Verwandle deine liebsten vierbeinigen Freunde in niedliche Autos! Diese tierischen Automobile sehen ganz verschieden aus, doch ihr Fahrgestell und ihre Grundkarosserie sind alle gleich. Mit unterschiedlichen Gesichtern vorn und Schwänzen hinten baust du eine ganze Tierschar auf Rädern.

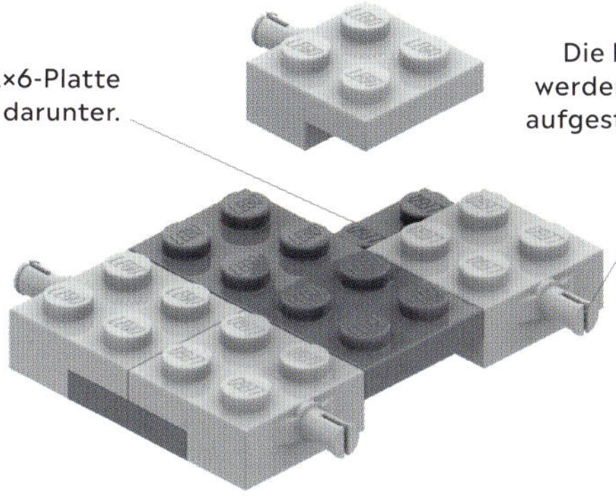

GRUNDAUFBAU

Karosserie und Fahrgestell der Tierautos sind alle gleich. Das kleine Fahrgestell besteht aus einer 2×6-Platte, auf der sechs weitere Platten sitzen: zwei normale 2×2-Platten und vier 2×2-Platten mit Radachsenpins.

SEITENNOPPEN

Auf die Fahrgestellplatte werden nun viele Steine für die Karosserie gebaut: Steine mit Noppen vorn, hinten und seitlich, an denen sich im nächsten Schritt weitere Elemente seitlich befestigen lassen.

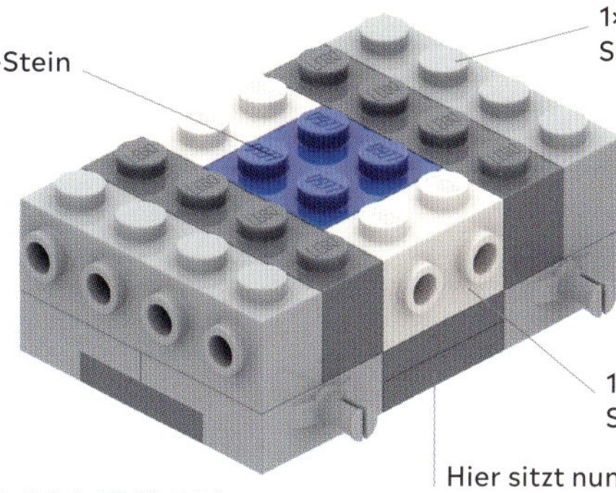

GEMÜTLICHE KABINE

Baue nun die Fahrerkabine. Sitz und Lenkrad sitzen tief in Schichten aus Platten, Steinen und Paneelen um sie herum.

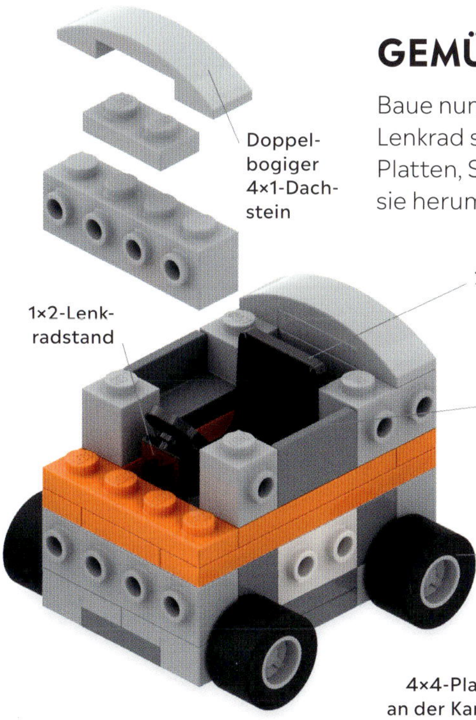

GESICHTER MACHEN

Befestige an den Seitennoppen der Karosserie verschiedene Tiermerkmale. Dieser Elefant hat große Ohren und einen erhobenen Rüssel, abgerundete Seiten und hinten einen Schwanz!

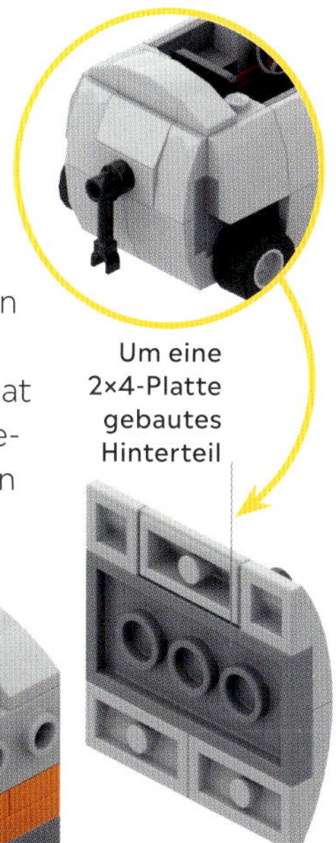

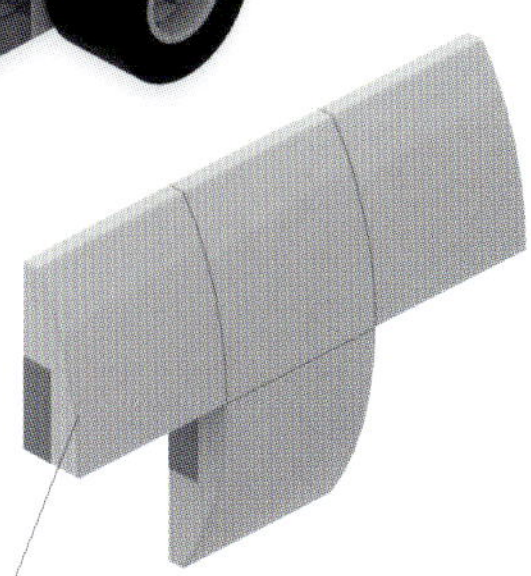

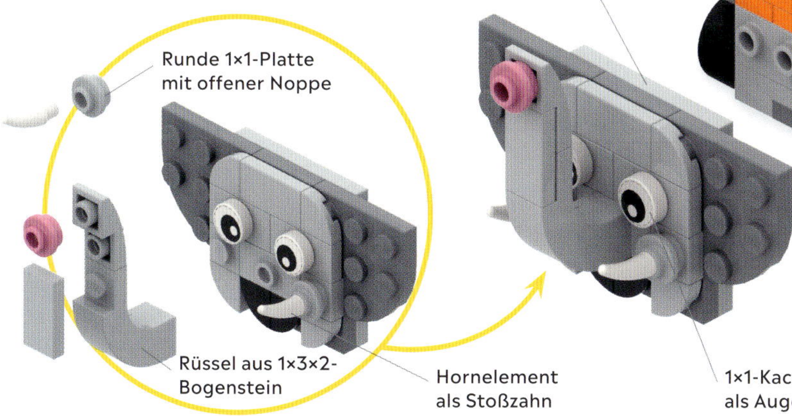

STOSSSTANGEN UND SPIEGEL

Deine Automodelle wirken realistischer mit praktischen Details an den Außenseiten. In Spiegeln können Minifigurenfahrer den Verkehr beobachten, und Stoßstangen schützen deine Modelle vor Beulen und bei Zusammenstößen.

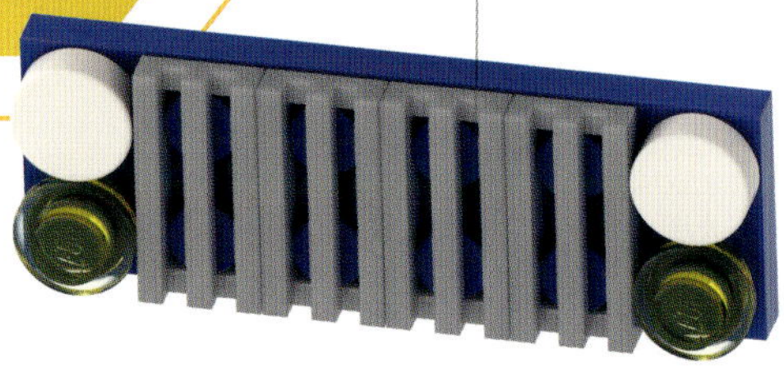

HINTERE STOSSSTANGEN

Hintere Stoßstangen enthalten Heckleuchten, Nummernschilder und Kofferraumgriffe. Sie sind gebogen oder eckig, detailreich oder schlicht. Sie sind mit der Karosserie verbunden oder stehen auffällig ab.

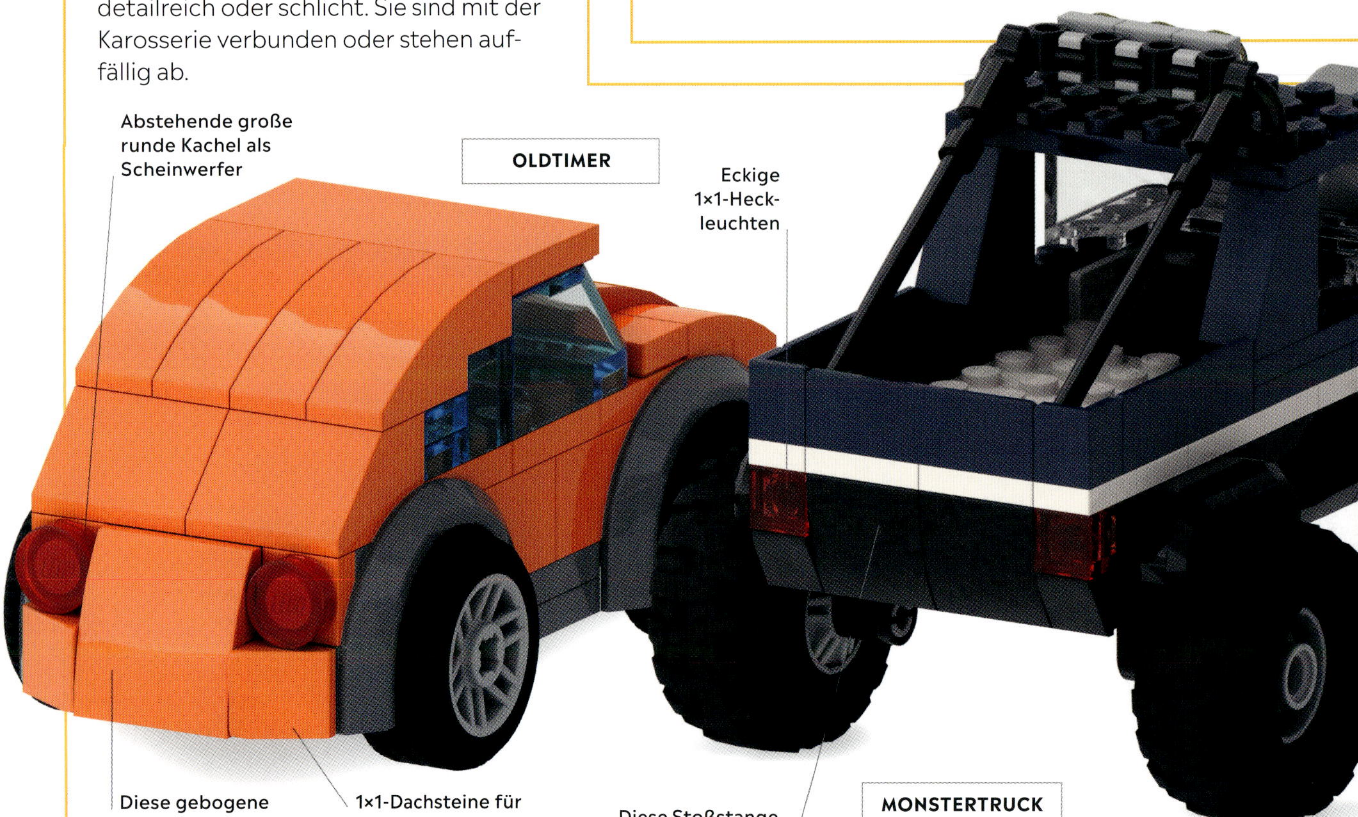

VORDERE STOSSSTANGEN

Die vordere Stoßstange ist normalerweise mit Kühlergrill, Scheinwerfern und Nummernschild verbunden. In diesem Buch findest du weitere Bauideen. Welche Formen passen gut zu deinen eigenen Automodellen?

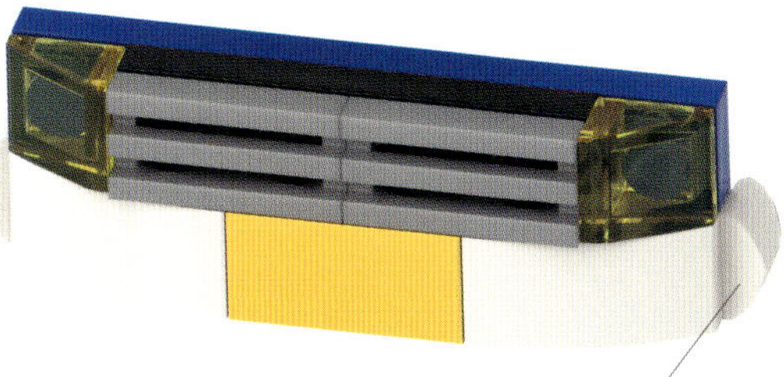

Vertikale Zahnplatten sorgen für Seitendetails.

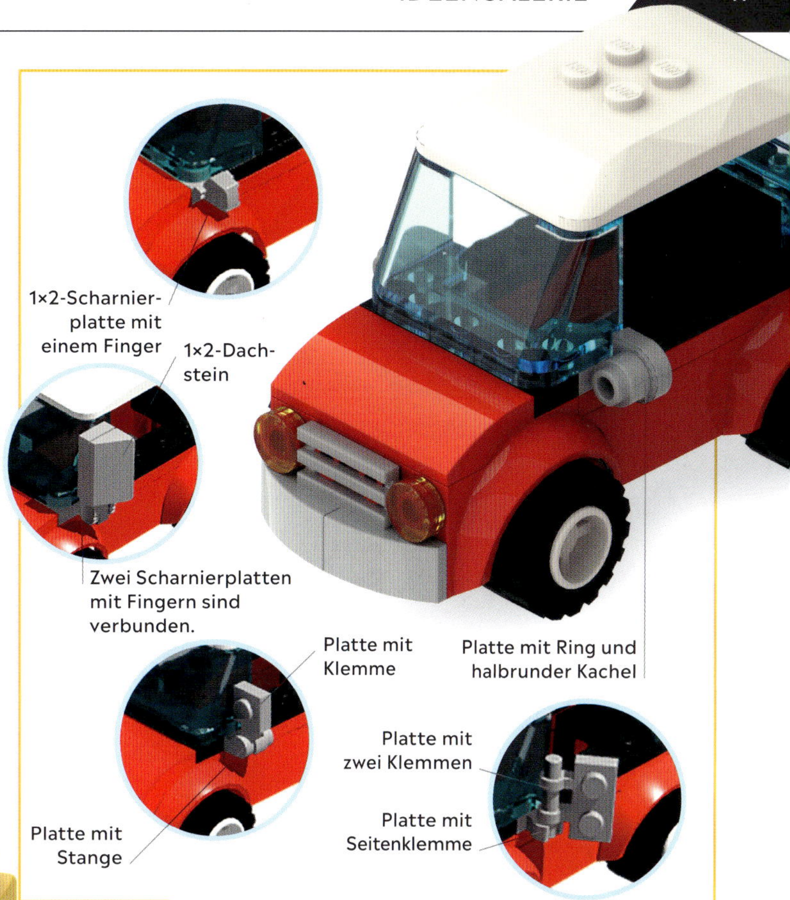

Schicker Goldgriff aus einer runden 1×1-Platte mit Griff

Eckige Chromstoßstange für ein klassisches Auto

SPIEGLEIN, SPIEGLEIN

Außenspiegel können klein sein, sind aber ganz wichtige Autoteile. Welche Elemente in deiner Sammlung ergeben gute Außenspiegel und Halterungen? Lass dich von diesen Ideen inspirieren. Alle Spiegel sind am selben Automodell unterschiedlich befestigt.

Sitzen deine Spiegel richtig?

AUTOSCOOTER

Deine Minifiguren sollten bei dieser Kirmesattraktion mit einer ruppigen Fahrt rechnen. Die kleinen Elektroautos haben rings um ihre Basis Gummistoßdämpfer, damit die Fahrer herumsausen und zum Spaß ungefährdet zusammenstoßen können.

Antennenelement als Stromabnehmer

1×2-Lenkradständer und Lenkrad

Transparente rote 1×1-Platte als Heckleuchte

Baue mehrere Autoscooter für ein richtiges Verkehrschaos.

Schwarze Kacheln und gebogene Steine wirken wie weicher Gummi.

FLACHE BASIS

Dieser Autoscooter ist um eine 4×6-Platte herumgebaut. Kleinere Platten bilden die rote Karosserie und kleine Front- und Heckleuchten.

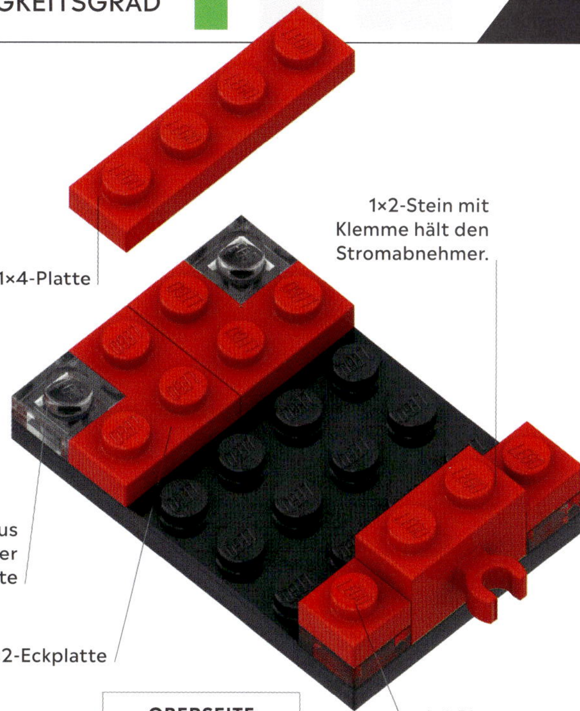

OBERSEITE

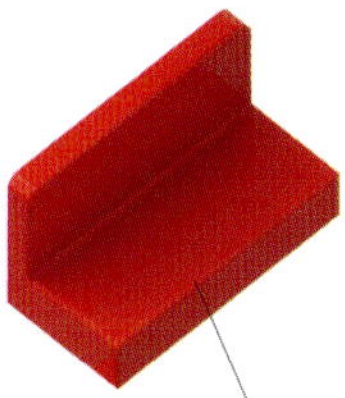

RÜTTELSITZ

Die nächste Schicht bildet die glatte Oberfläche der Karosserie und ist aus gebogenen Dachsteinen und Steinen. Lasse genügend Platz, damit deine Minifiguren mitfahren können.

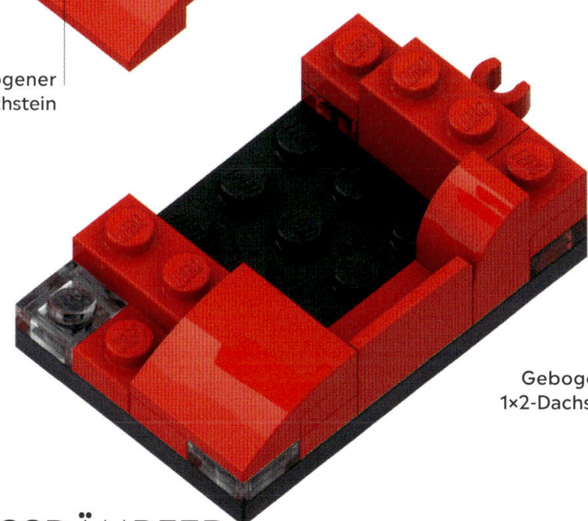

STOSSDÄMPFER

Drehe das Auto um und baue einen breiten Stoßdämpfer darum herum. Er besteht aus kleinen gebogenen Dachsteinen, Platten und Kacheln. Sie sitzen an Steinen mit Seitennoppen unter der 4×6-Basisplatte. Baue in die Mitte der Basis kleine Räder ein, damit dein Autoscooter rollen kann.

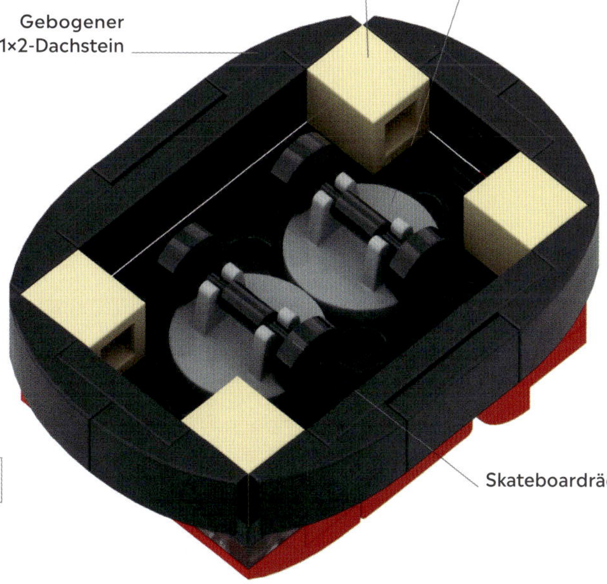

UNTERSEITE

FAMILIENAUTO

Eine wachsende Minifigurenfamilie benötigt ein größeres Auto für Stadtfahrten. Dieses einfache Familienauto hat Platz für zwei Minifiguren. Es ist auf einem großen LEGO® Juniors Fahrgestellelement aufgebaut, das bereits Autotüren und eingebaute Radachsenpins hat.

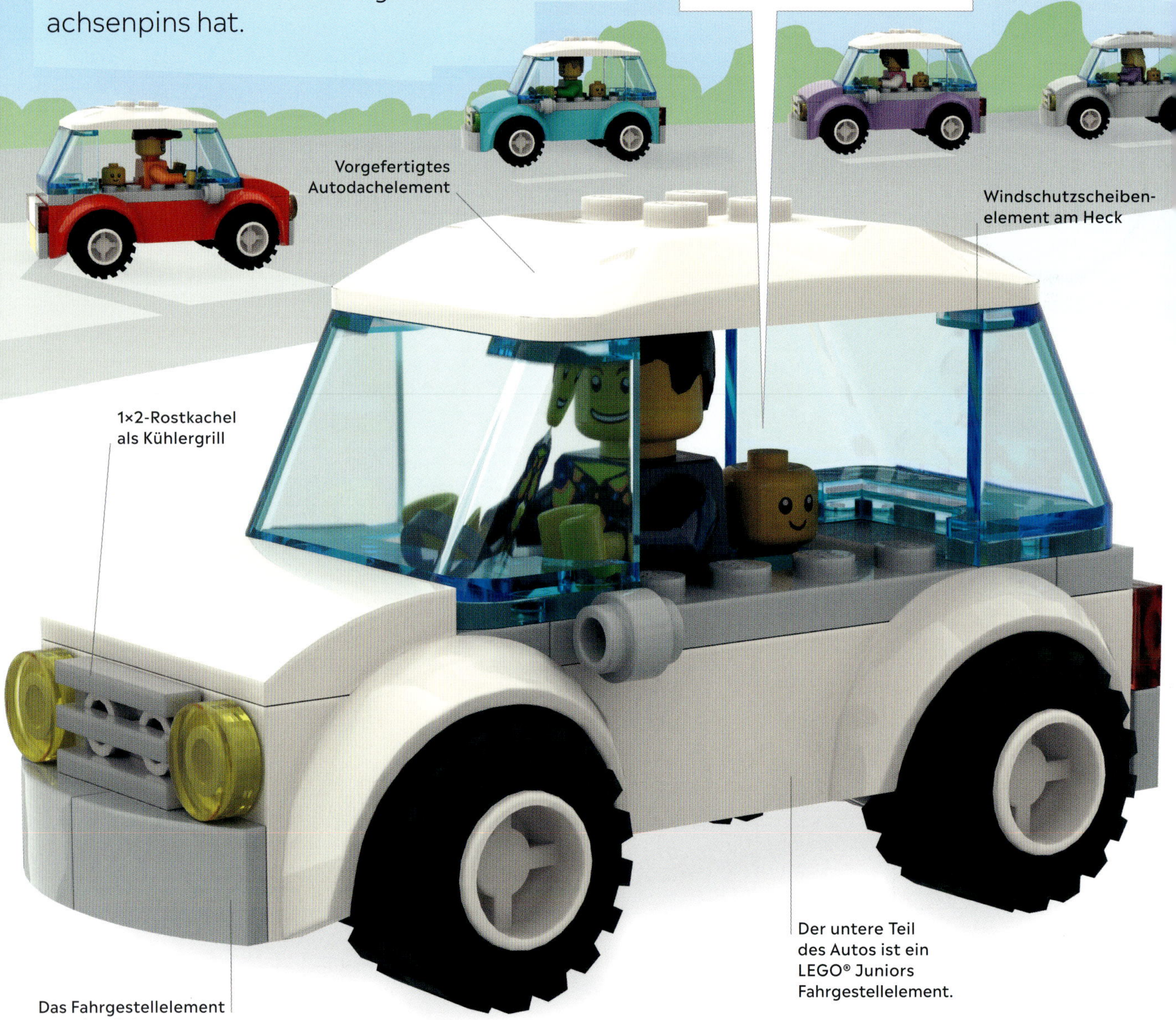

SCHON FAST FERTIG

Dank dieses vorgefertigten Fahrgestellelements ist das LEGO® Auto in wenigen Minuten fahrbereit. Als Erstes werden Räder, Seitenspiegel, Armaturenbrett und Rücksitz angebaut.

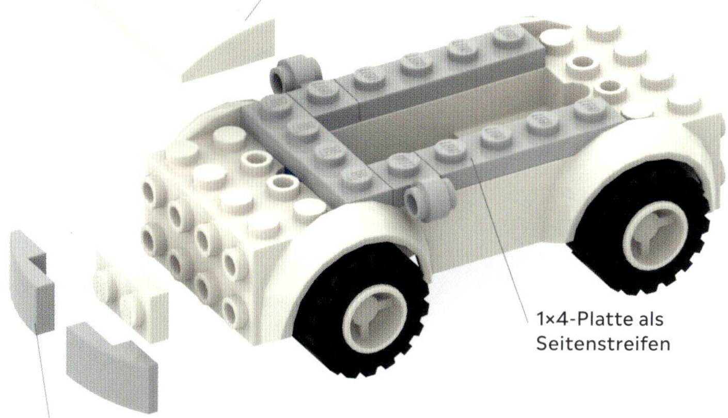

MOTORHAUBE UND STOSSSTANGE

Setze weitere graue Platten auf das Fahrgestell und die einteilige Motorhaube vorn auf. Baue dann eine gebogene Stoßstange an die seitlichen Noppen darunter.

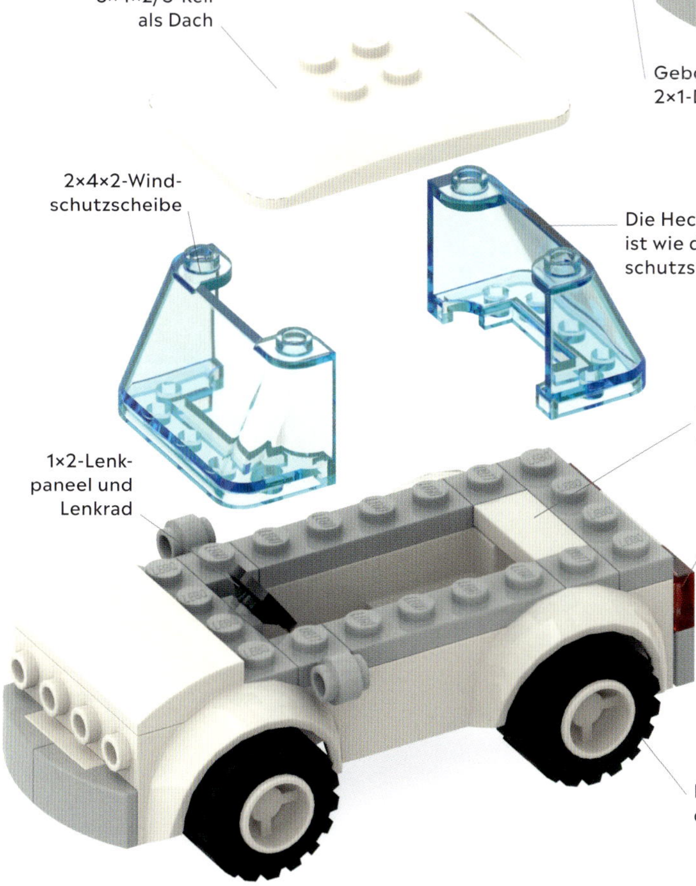

EINFACHES DACH

Ist das Lenkrad angebracht, ist das Auto schon fast fahrbereit. Baue noch Windschutzscheibe, Heckscheibe und Dach an oder lasse das Dach einfach weg für ein Familiencabrio!

AUTOS FÜR MINIFIGUREN

Beim Bau von LEGO® Autos für Minifiguren ist es wichtig, genügend Platz im Inneren zu lassen, damit sie gut hineinpassen. Vielleicht möchten sie auch einen Beifahrer haben oder benötigen viel Kopffreiheit, um einen großen Hut oder besonders üppige Frisuren unterzubringen!

Kacheln bieten viel Armfreiheit.

NUR EIN FAHRER = VIER NOPPEN BREIT

Paneele sorgen für genügend Platz.

FAHRER UND BEIFAHRER = SIEBEN NOPPEN BREIT

SITZBREITE

Im Sitzen passt die untere Körperhälfte einer Minifigur auf vier Noppen: zwei vorn und zwei hinten. Aber da Minifigurenarme breiter als zwei Noppen sind, lässt du noch genügend Platz um deine Autositze.

PLATZ FÜR DIE ARME = ACHT NOPPEN BREIT

Meine Arme müssen frei sein, um den Siegerpokal zu heben!

DACHHÖHE

Die richtige Dachhöhe in deinen Autos ist genauso wichtig wie die Breite. Überlege, wer dein Auto fährt und ob er oder sie immer sitzen. Lasse auch genügend Höhe für verschiedene Köpfe, Frisuren und Hüte, da jede Minifigur genau wie ein Mensch anders ist!

STEHEND, MIT MÜTZE = FÜNFZEHN PLATTEN

STEHEND, MIT FRISUR = VIERZEHN PLATTEN

STEHEND, HAARE = DREIZEHN PLATTEN

STEHEND, OHNE HAARE = ZWÖLF PLATTEN

SITZEND, MIT FRISUR = ELF PLATTEN

SITZEND, OHNE HAARE = ZEHN PLATTEN

AUTORIKSCHA

Tut tut! Dreirädrige Autorikschas findet man in vielen warmen Ländern auf der Welt, etwa in Indien. Sie sind klein und schnell und sausen durch enge Gassen. Dank der offenen Seiten können die Fahrgäste unterwegs eine kühlende Brise genießen.

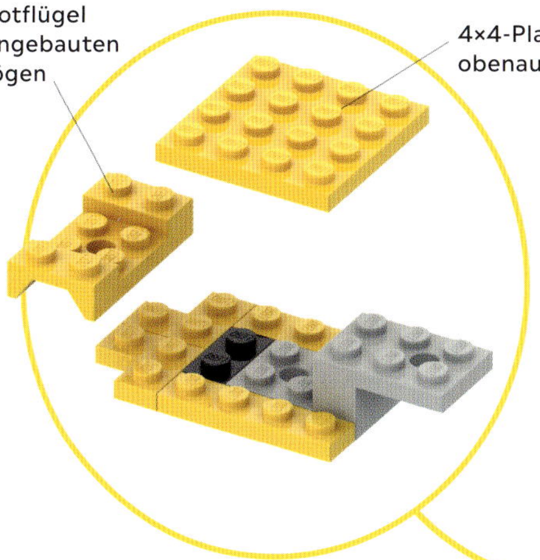

DREI RÄDER

Die Autorikscha hat statt vier nur drei Räder und daher ein anderes Fahrgestell als die meisten Autos in diesem Buch. Das einzelne Vorderrad sitzt an einem einzigen Radhalter, der unter einen Winkelstein passt.

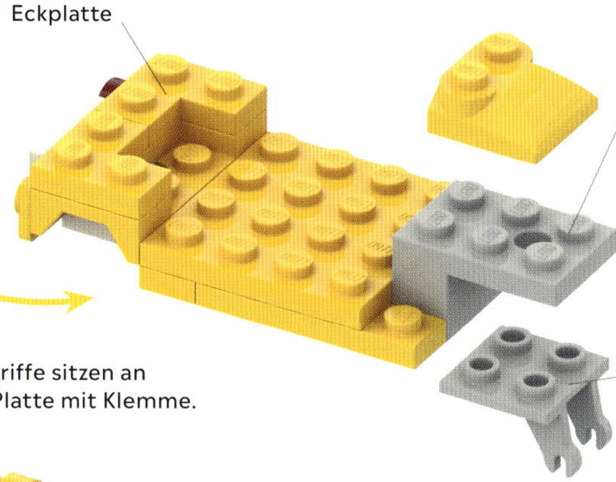

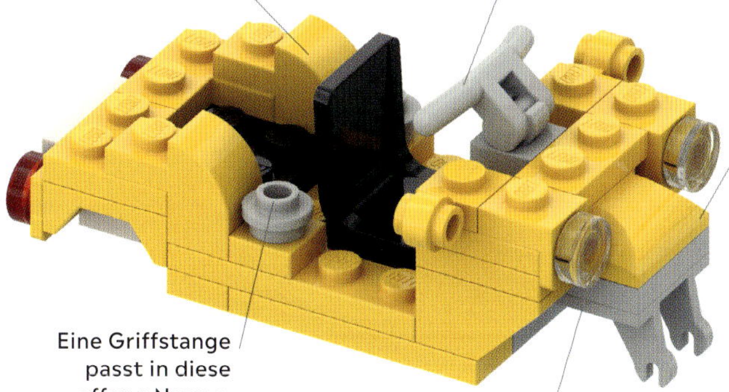

BITTE EINSTEIGEN!

Nun gibt es einen Fahrersitz und Platz dahinter für einen Mitfahrer. Vorn sind auch das gebogene Schutzblech und die Scheinwerfer angebracht. Bei einer Autorikscha liegt der Motor unter dem Fahrersitz, und daher musst du keine Motorhaube bauen.

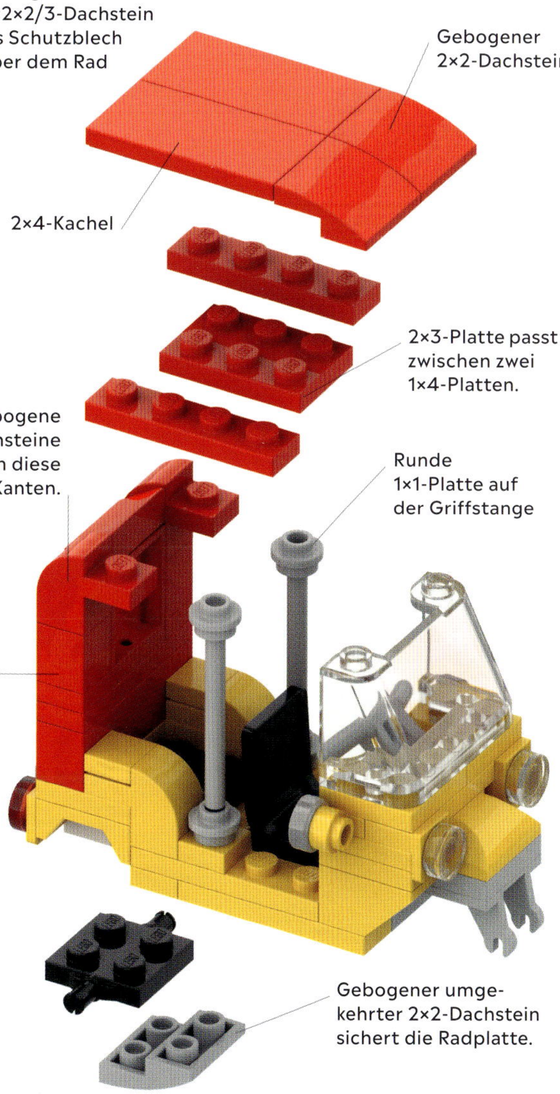

DACHKONSTRUKTION

Ist die Karosserie der Autorikscha fertig, baust du die große rote Überdachung, die das ganze Fahrzeug überdeckt. Hinten wird sie wie eine Wand gebaut, dann biegt sie nach vorn ab und ruht auf den Griffstangen und der Windschutzscheibe.

OLDTIMER

Dieses auffällig lackierte, kompakte klassische Auto ist ein Stück Geschichte. Im Stil der in den 1960er- und 1970er-Jahren beliebten praktischen Familienautos konstruiert, ist seine runde Form Kult. Ja, heute ist es wohl noch cooler als damals!

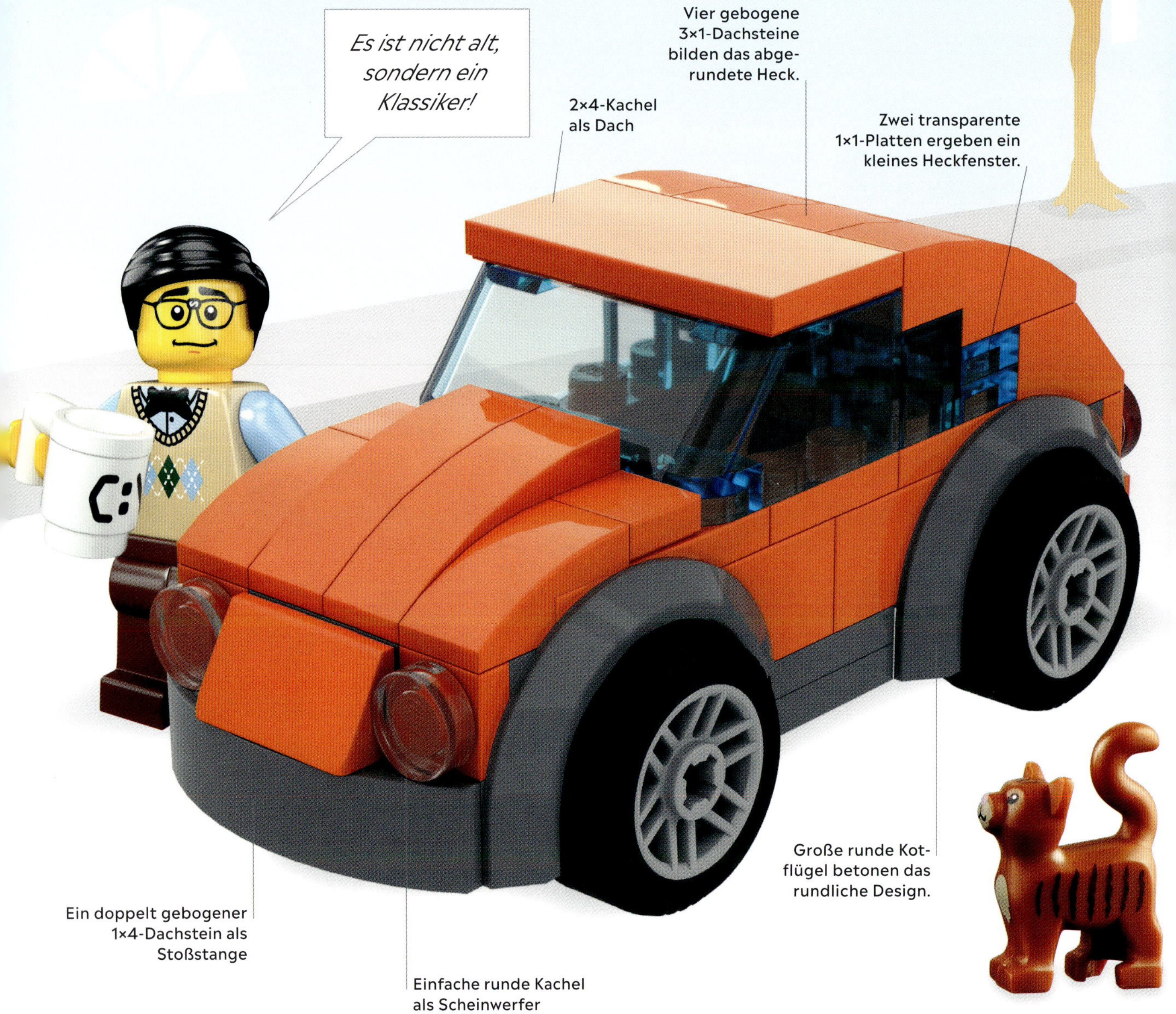

BEGINNE ZU BAUEN

Der Oldtimer hat ein einfaches Fahrgestell aus einer 2×10-Platte, unter der Radhalteplatten sitzen. Unter der Fahrgestellplatte steckt quer eine graue 2×4-Platte – als Teil des grauen „Trittbretts“ oder Zierstreifens des Autos.

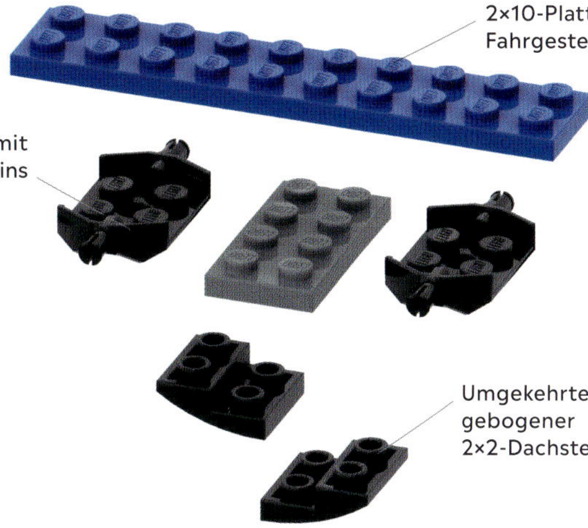

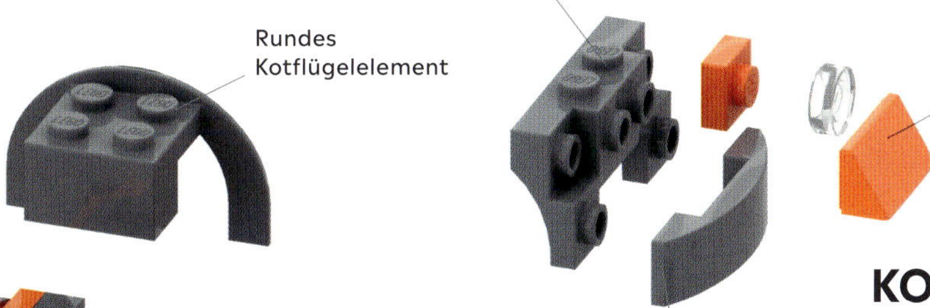

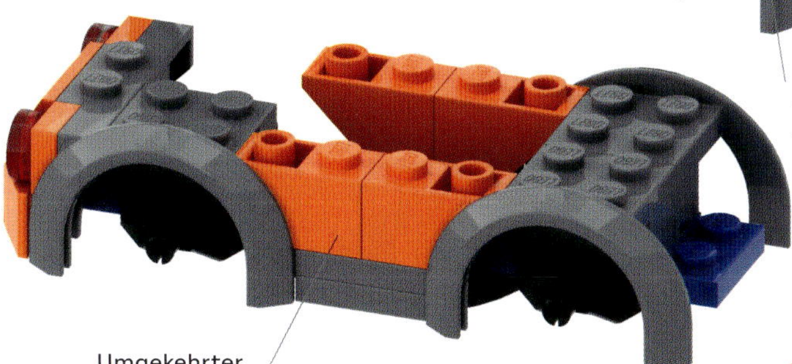

KOMPAKTE KURVEN

Nun bekommt der Oldtimer Türen aus umgekehrten Dachsteinen, die hinter die abgerundeten Kotflügel passen. Die unteren Teile der Heck- und Frontstoßstangen bilden weitere Kurven an der Karosserie des Oldtimers.

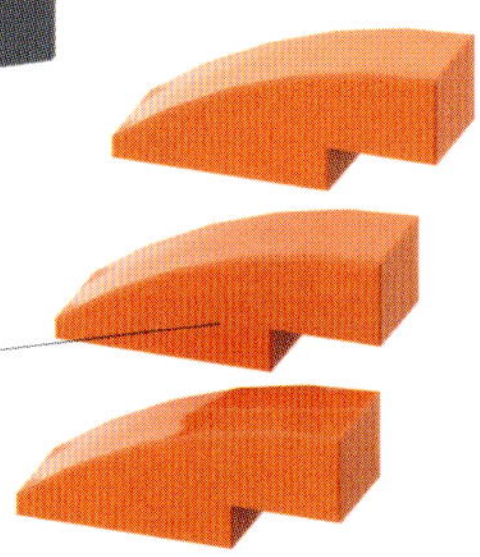

RUNDES DACH

Das auffallend runde Dach des Oldtimers besteht meist aus verschieden großen gebogenen Dachsteinen. In die kleinen Räume darunter passen transparente blaue Platten und Steine als Heckfenster. Setze die Motorhaube und eine Dachkachel obenauf, und dieses klassische Auto erwacht zu neuem Leben!

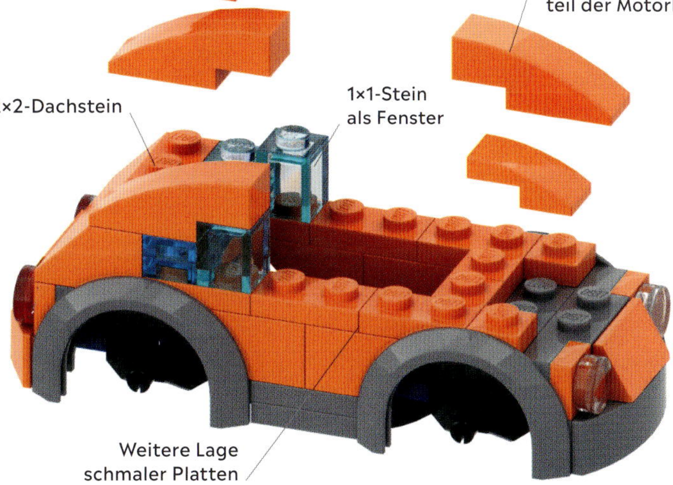

LUSTIGE EXTRAS

Für Autos, die aus dem Rahmen fallen, baust du ein paar lustige oder ungewöhnliche Merkmale ein. Überlege, wofür dein LEGO® Auto gebraucht wird, wer es lenkt oder mitfährt und was deine Minifiguren für bequeme oder auffällige Fahrten benötigen. Und nun lass deine Fantasie ans Steuer!

KRONJUWELEN

Dieses Auto für eine Königin hat eine glänzende Goldkrone auf dem Dach, damit alle wissen, wer darin fährt. Die Basis der Krone ist aus weißen und schwarzen Platten, die wie ein Pelz wirken. Die goldenen Bögen sind aus gebogenen Dachsteinen und Kacheln gebaut. Mehr über das Königsauto erfährst du auf Seite 86.

„Schokostange“ passt in ein Loch in der Kuppel.

Diese Klemme steckt an einer Platte mit Stange.

EISWAFFEL

Ein Lieferwagen benötigt ein auffälliges Symbol für seine Waren – besonders wenn köstliches Eis verkauft wird! Diese Eiswaffel sitzt auf einer Steckerplatte auf dem Wagendach.

Wie dieser Eiswagen gebaut wird, erfährst du auf Seite 84.

Kleine Platten bilden die Rah.

Umgekehrter 2×1-Dachstein

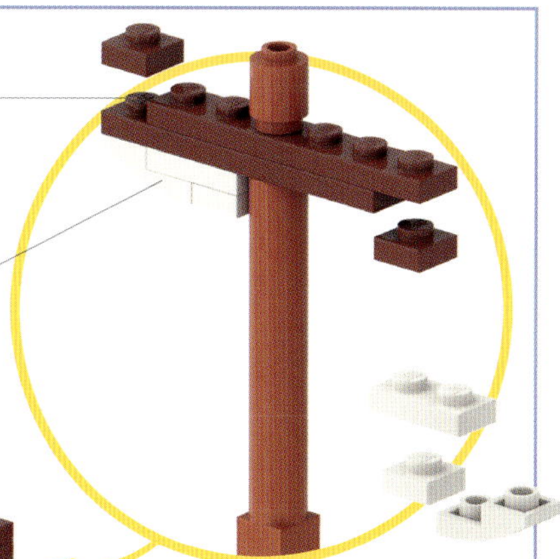

AHOI!

Du könntest Teile deiner Automodelle anders bauen, damit das Spielen damit noch mehr Spaß macht. Das Piratenauto auf Seite 72 hat ein Totenkopfsegel – hier ist es „gerefft“ worden.

Roboterarm als Schwanz

TIERSCHWÄNZE

Die tierischen Autos auf den Seiten 14 und 15 haben vorn bezaubernde Gesichter, aber hinten auch wackelnde und wedelnde Schwänze! Jeder Schwanz sitzt an einer Seitennoppe am Hinterteil.

Gebogene 2×1×1-Dachsteine bilden die Windungen dieses Schwanzes.

Flauschiger Schwanz aus einer LEGO® Technic Kugel

STADTAUTO

Spoiler und schicke Teile brauchen Autos nicht immer – manchmal ist weniger mehr! Dieses flinke Kompaktauto hat alles, was Stadtfahrerinnen benötigen könnten: ein stabiles Fahrgestell, große Fenster und tolle kleine Räder. Und bei seiner Größe hat es keine Parkplatzprobleme!

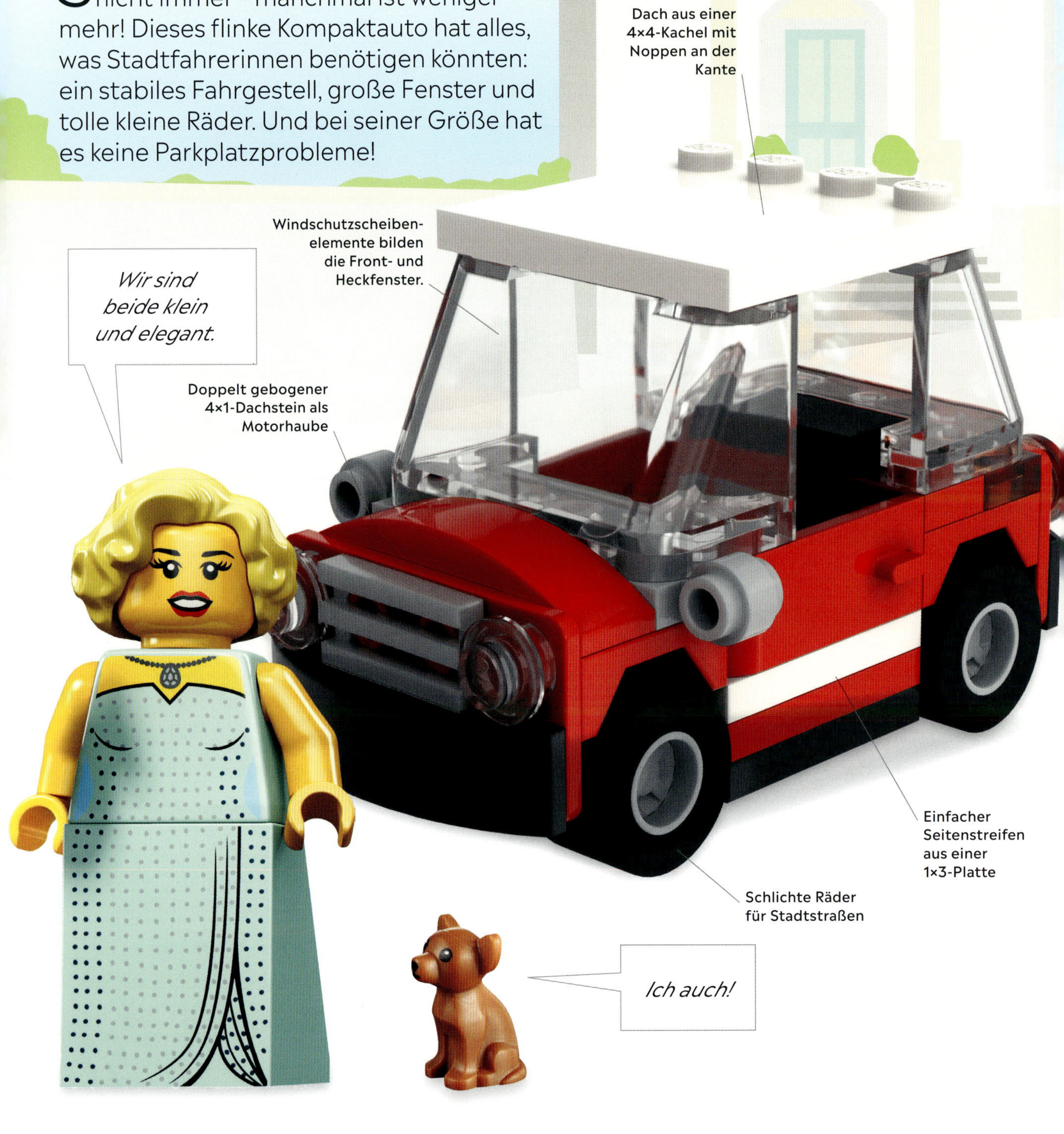

EINFACHE BASIS

Das Stadtauto wird auf einem vorgefertigten Fahrgestell mit eingebauten Radachsenpins und einer mittleren 4×3-Platte aufgebaut. Wenn du dieses Element nicht hast, kannst du auch normale Platten nehmen.

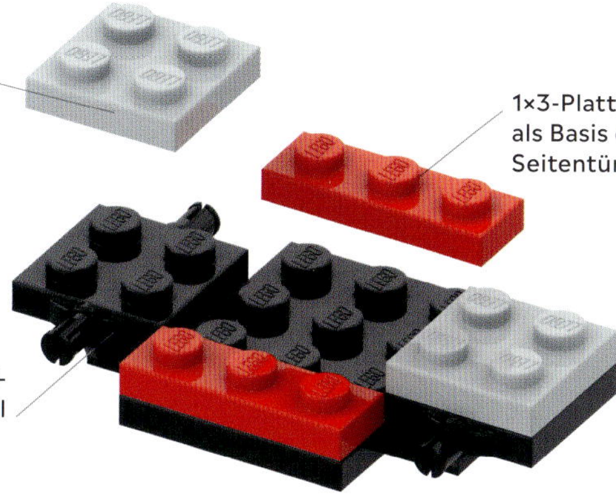

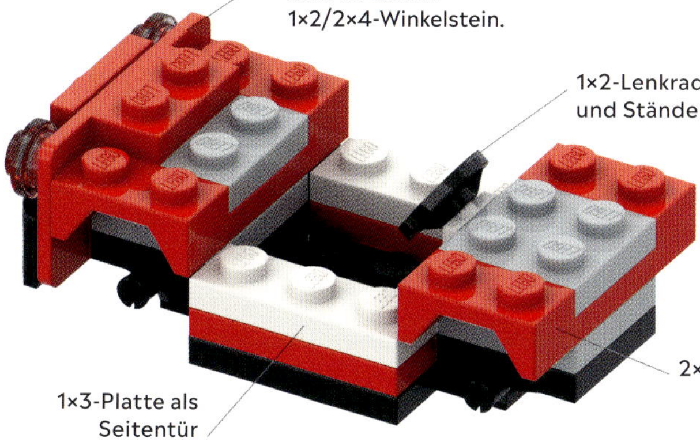

SEITENSTREIFEN

Die Seitentüren des Stadtautos nehmen Form an. Eine weiße 1×3-Platte ziert die Türen mit einem „Rennstreifen". Eingebaut sind auch schon Kotflügel, Heckstoßstange und Lenkrad.

FRONTSTOSSSTANGE

Wie die Heckstoßstange sitzt auch die vordere an einem Winkelelement, das acht seitliche Noppen hat. Daran stecken der Scheinwerfer, der Kühler und die gebogene Stoßstange.

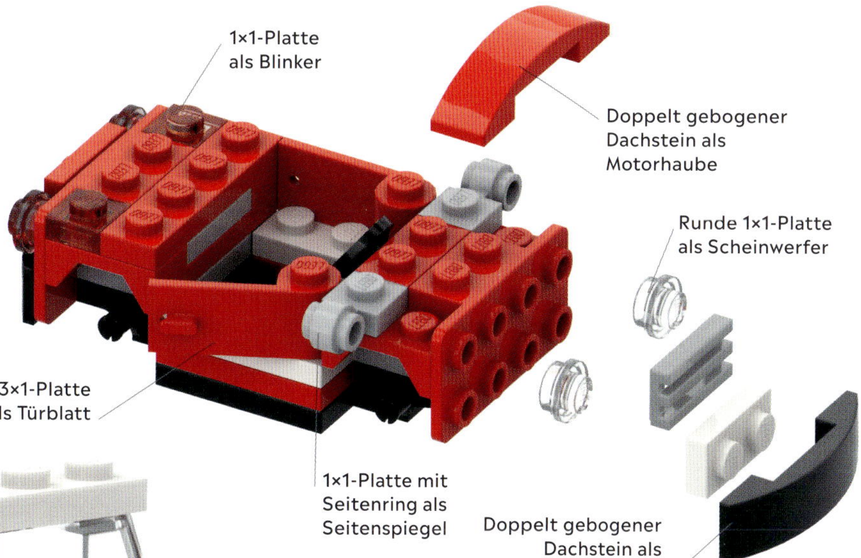

HECKANSICHT

FAHRBEREIT

Baue vorne ein Windschutzscheibenelement an und hinten noch eins als Heckscheibe. Eine modifizierte 4×4-Kachel bildet das Dach. Sichere die kleinen Räder an ihren Achsenpins – und auf geht's in die Stadt!

MONDROVER

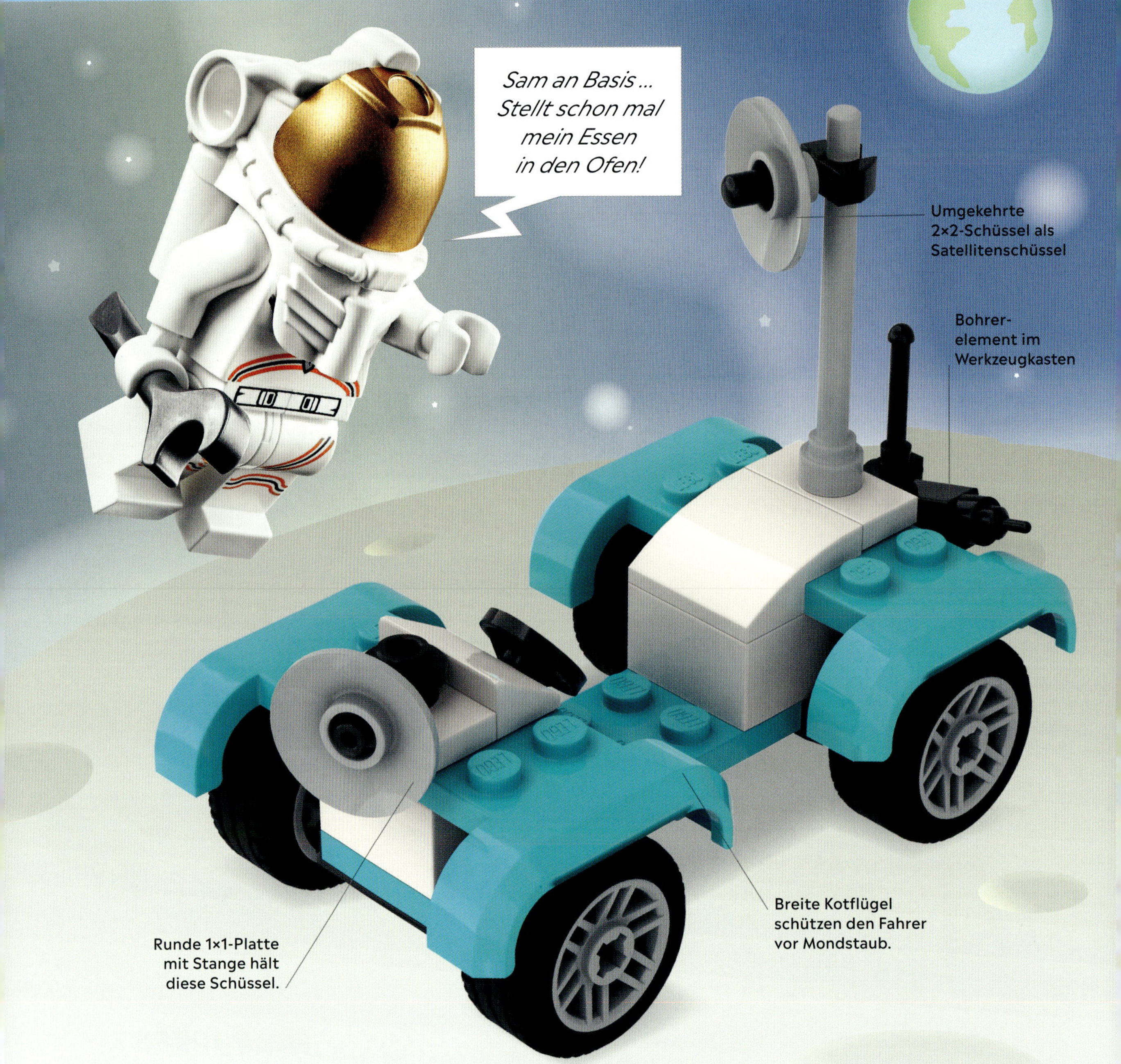

Dieser Mondrover ist so gebaut, dass er über die staubige, felsige Mondoberfläche kurven kann, damit Astronauten mehr darüber erfahren. Seine schweren Räder verhindern, dass er ins All davontreibt. Zwei Satellitenschüsseln ermöglichen die Kommunikation mit anderen Astronauten oder Menschen auf der Erde.

ERSTE BAUSCHRITTE

Der Mondrover wird auf einer 2×8-Platte aufgebaut. Unter dieser Platte sitzen 2×2-Platten mit Radachsenpins und auf ihr 2×4-Steine und kleinere Steine mit Seitenklemmen.

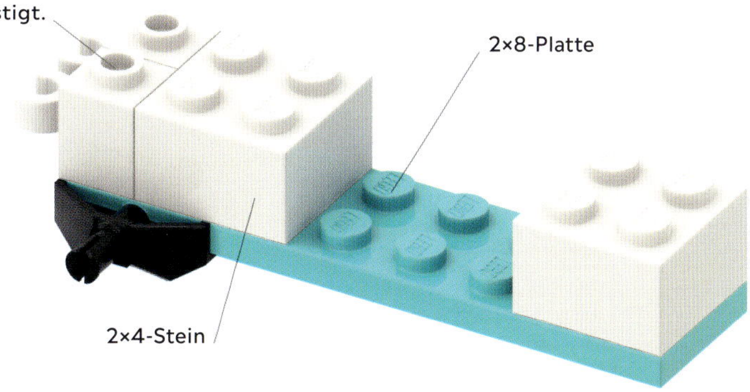

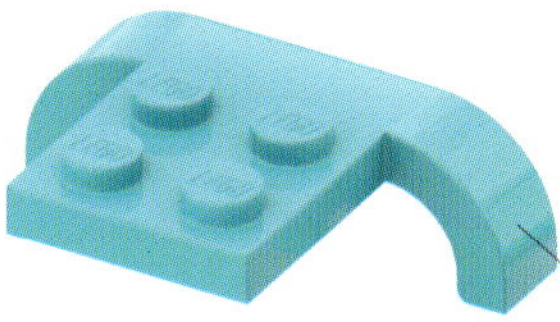

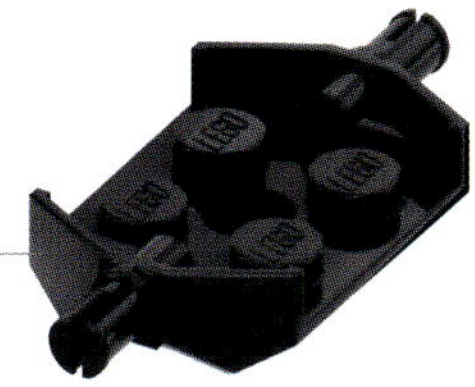

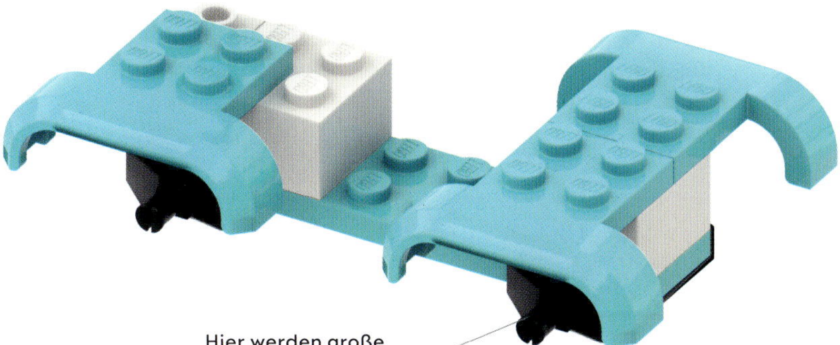

STAUBSCHUTZ

Die Mondoberfläche bedeckt eine dünne Staubschicht, und daher haben Mondrover große Kotflügel über den Rädern, um den Fahrer vor Staubwolken zu schützen. Diese Kotflügel sitzen auf den Steinen auf der Fahrgestellplatte.

MONDAUSRÜSTUNG

Jetzt bekommt der Mondrover Lenkung und Stauraum. Bevor du die Räder ansetzt, baust du Satellitenschüsseln auf. Nun hat der Rover die Ausrüstung, die er für Mondmissionen benötigt.

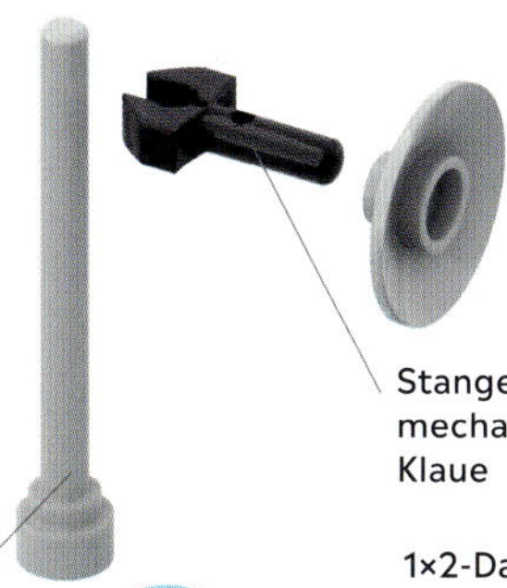

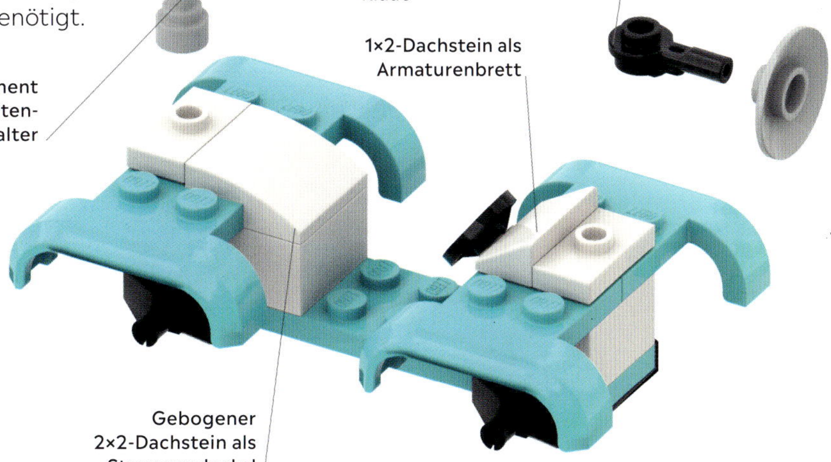

MOTOREN

Der Motor ist das röhrende Herz eines Autos. Ohne ihn kann es sich nicht bewegen. Diese tollen Maschinen sitzen meist verborgen unter der Motorhaube, aber mit ihren metallischen Kolben, Zylindern und Röhren sind sie interessante Bauteile.

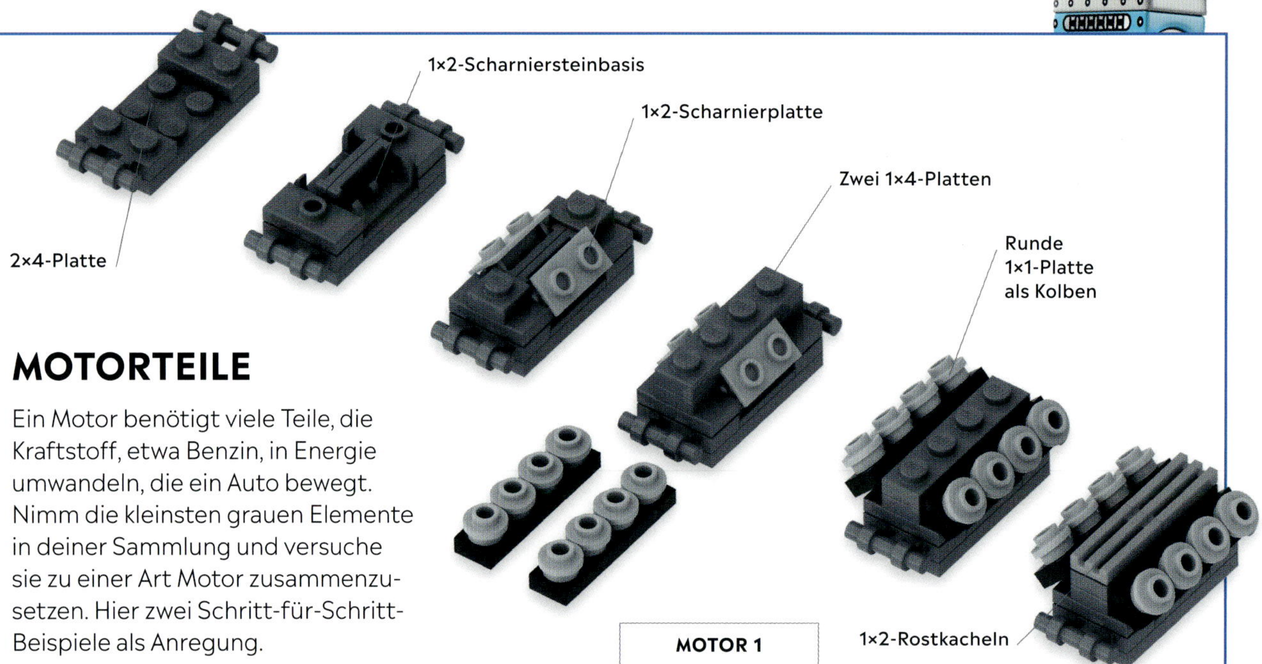

MOTORTEILE

Ein Motor benötigt viele Teile, die Kraftstoff, etwa Benzin, in Energie umwandeln, die ein Auto bewegt. Nimm die kleinsten grauen Elemente in deiner Sammlung und versuche sie zu einer Art Motor zusammenzusetzen. Hier zwei Schritt-für-Schritt-Beispiele als Anregung.

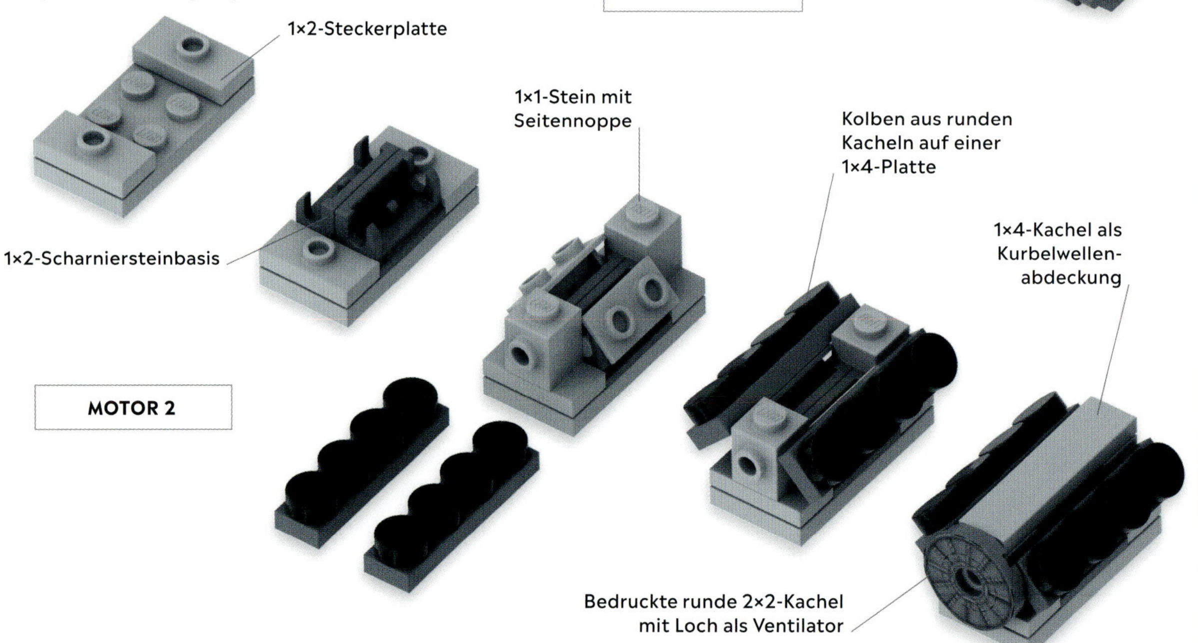

MOTORTEILE

Alle möglichen kleinen LEGO® Elemente lassen sich auf verschiedene Weise zu mechanischen Maschinenteilen zusammenbauen. Hast du solche nützlichen Elemente in deiner Sammlung?

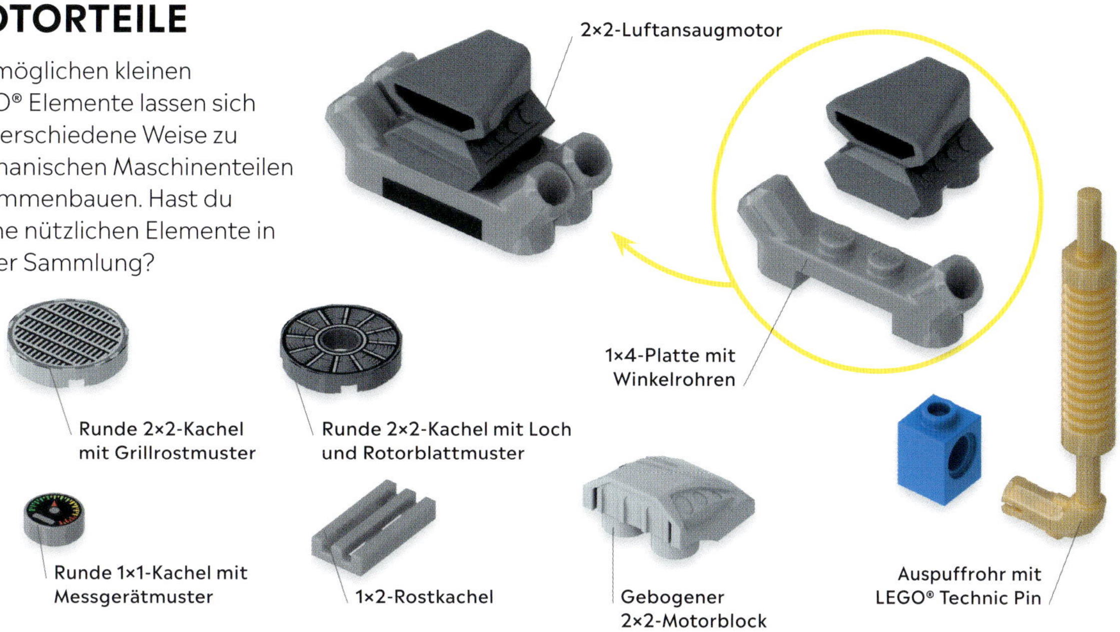

FRISIERTER MOTOR

Das frisierte Auto hat einen Motor, der nicht unter einer Haube sitzt. Der Flammen speiende Motor besteht aus Lagen kleiner Elemente. Die Seitendetails werden von Platten mit Klemmen und Stangen auf Abstand gehalten. Mehr über dieses Auto erfährst du auf Seite 68.

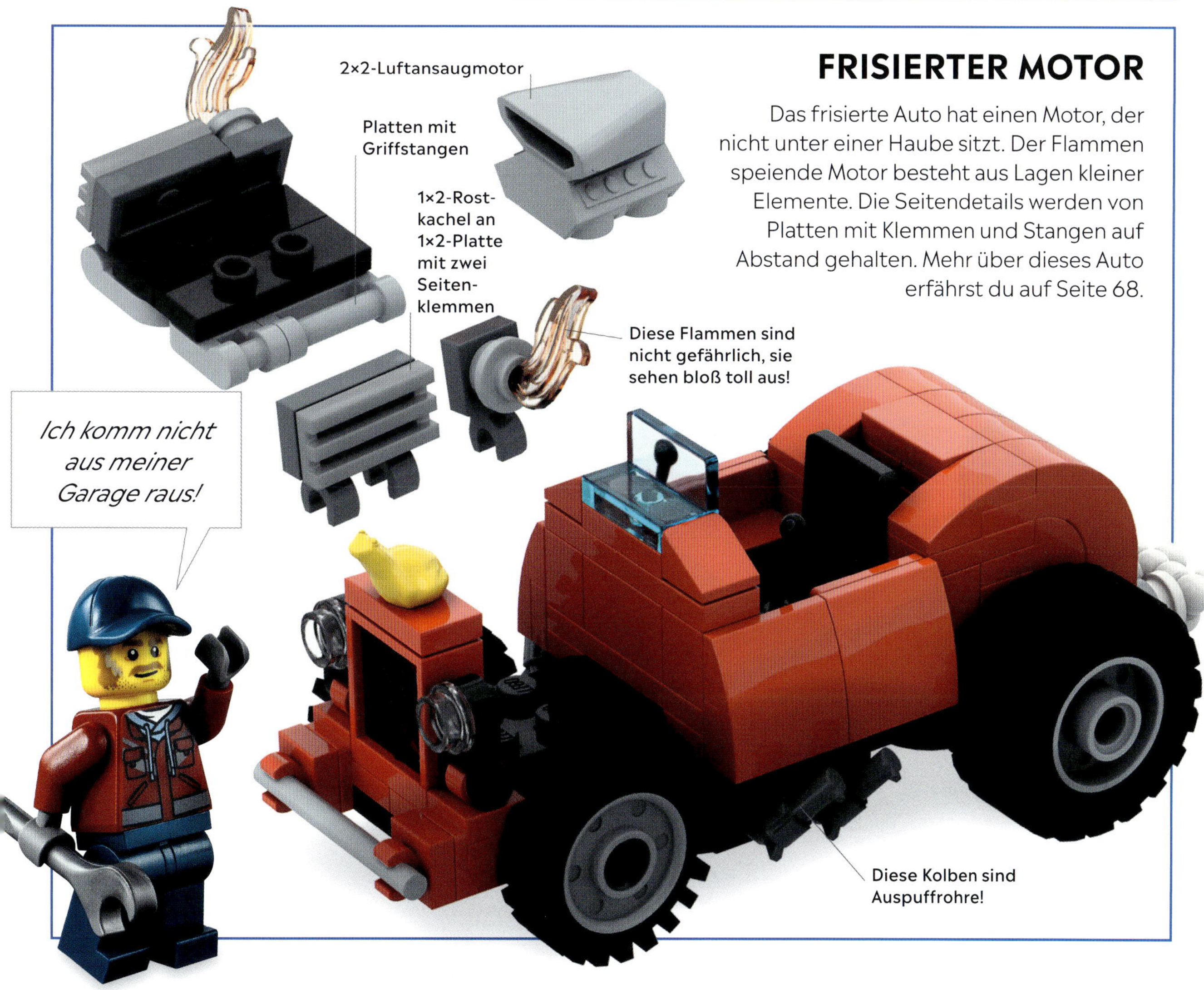

QUAD

Dieses strapazierfähige vierrädrige Fahrzeug fährt in Gelände, das die meisten Autos nicht bewältigen. Tiefer Schlamm, steile Hügel und Felsen bereiten einem Quad keine Mühe, doch es darf auch auf der Straße fahren. Dieses Quad hat vier extradicke Reifen und vorn Schutzstangen.

Mein Kostüm sieht nicht nur cool aus – es dämpft auch einen Sturz!

SCHWARZE BASIS

Das Quad hat ein einfaches, auf einer 2×6-Platte aufgebautes Fahrgestell. Darunter sitzen 2×2-Platten mit Radachsenpins, darauf Platten mit Schienen und Klemmen. Anders als bei vielen Fahrgestellen sind alle Teile am fertigen Quad zu sehen und daher ganz schwarz.

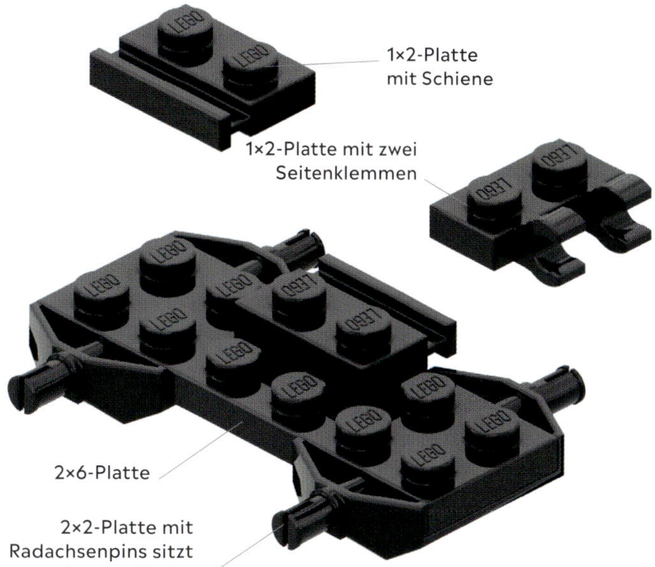

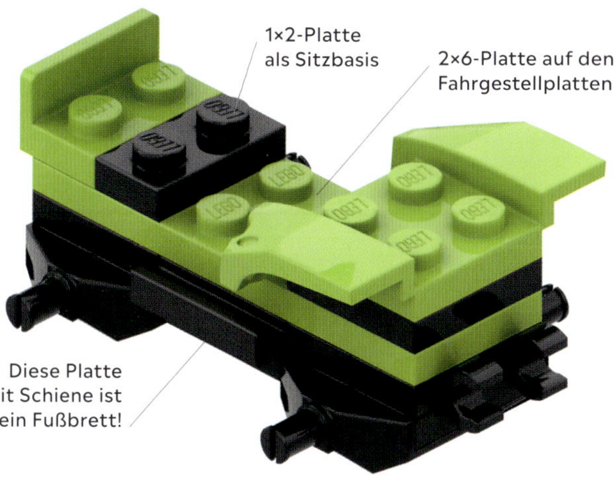

SCHLAMMSCHUTZ

Baue auf das Fahrgestell die lindgrünen Teile der Karosserie. Die extragroßen gebogenen Kotflügel sind zwei zusammenpassende 2×4-Elemente vorn und hinten am Quad.

SCHUTZSTANGEN

Baue die Lenkstange an, und gleich kann dieses Quad ins Gelände fahren. Vorher baust du noch vier starke Scheinwerfer und Schutzstangen an, die das Quad bei Stürzen oder Zusammenstößen schützen.

GOLFWAGEN

Dieser kleine elektrische Golfwagen saust über die Golfplätze und bringt Minifiguren und ihre Schläger bis zum 18. Loch. Er ist traditionell in Schwarz und Weiß gebaut und bietet im Innern Platz für einen Golfspieler und hinten für die Golfschläger.

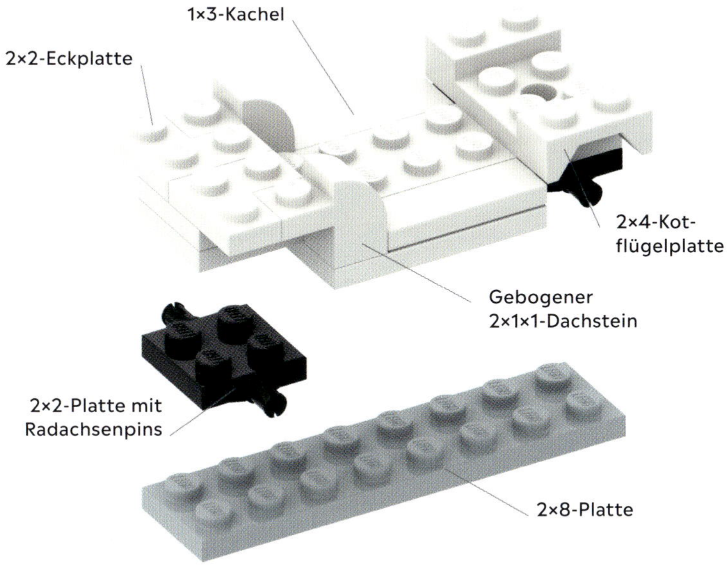

ABSCHLAG

Golfwagen fahren meist auf glatten Oberflächen und daher kann ihr Fahrgestell bodennah sein. Eine graue 2×8-Platte sichert die Platten mit Radachsenpins auf dem unteren Teil des Fahrgestells und legt die Basis des Wagens auch tiefer.

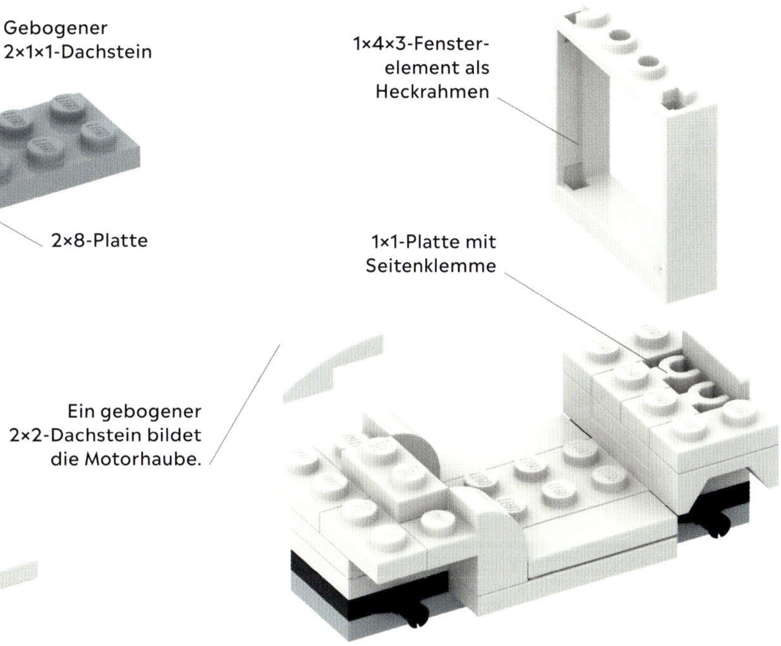

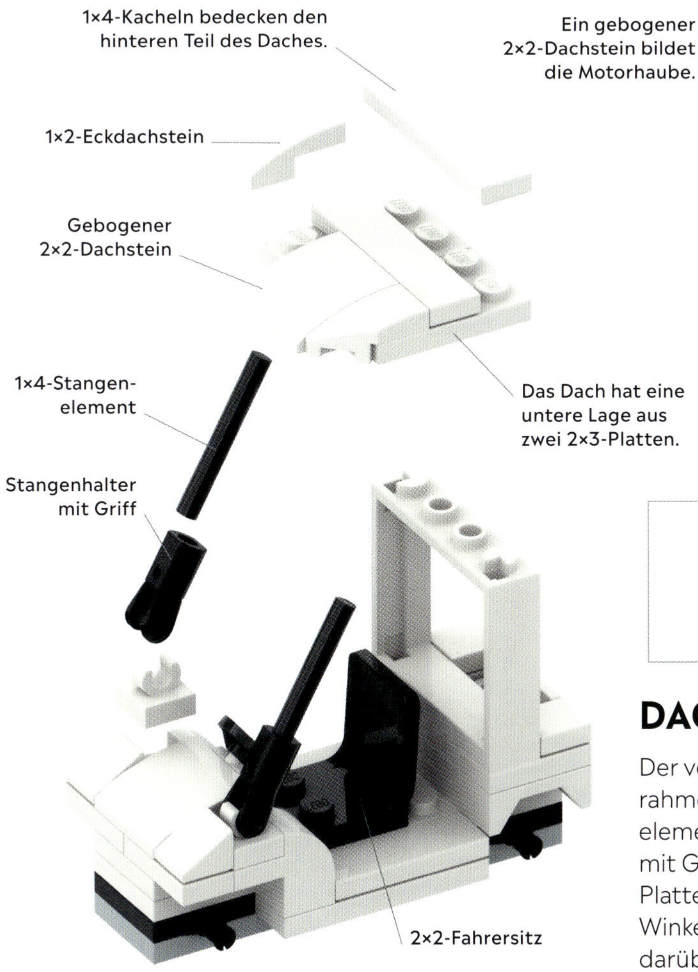

SCHLÄGERHALTER

Hinten am Golfwagen ist ein Stauraum für zwei Schläger, der aus zwei 1×1-Platten mit Seitenklemmen besteht. Der Heckrahmen des Wagens aus einem Fensterelement sitzt gleich davor.

Ich übe erst noch beim Minigolf.

DACHRAHMEN

Der vordere Teil des Dachrahmens besteht aus Stangenelementen, die in Stangenhalter mit Griffen passen. Sie sitzen auf Platten mit Klemmen in einem Winkel und stützen das Dach darüber.

RÄDER UND VERBINDUNGEN

Ohne Räder würde ein Auto seinen Zweck nicht erfüllen: auf Straßen zu fahren! Dieses Buch enthält viele Räder und Ideen, sie zu verbinden, aber darunter gibt es einige besonders interessante oder nützliche Beispiele.

Mehr über die Autorikscha erfährst du auf Seite 24.

Glatter Hinterreifen mit Radkappe

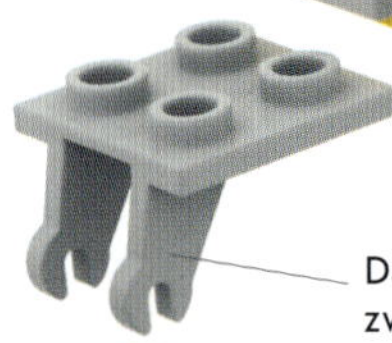

Das Rad steckt zwischen zwei Haltern.

Radmitte mit Noppenachsen

DREIRADFAHRZEUGE

Die Autorikscha weist zwei Arten von Rädern auf, die verschieden befestigt sind. Das Vorderrad sitzt an einer 2×2-Platte mit einem Einzelradhalter, die beiden Hinterräder stecken an einer 2×2-Platte mit Radachsenpins.

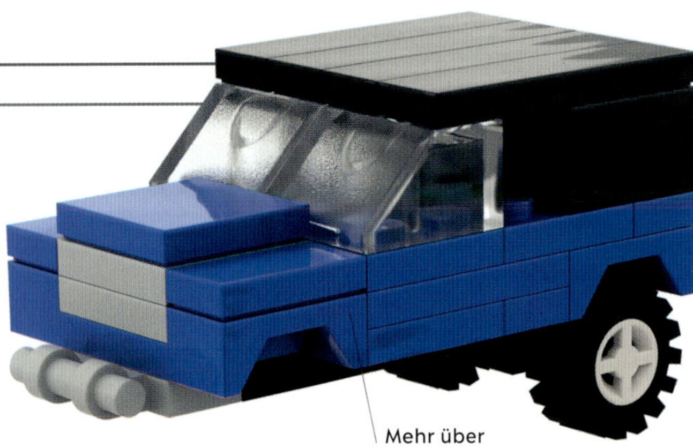

Mehr über diesen Geländewagen erfährst du auf Seite 6.

Reifen mit klobigem Profil

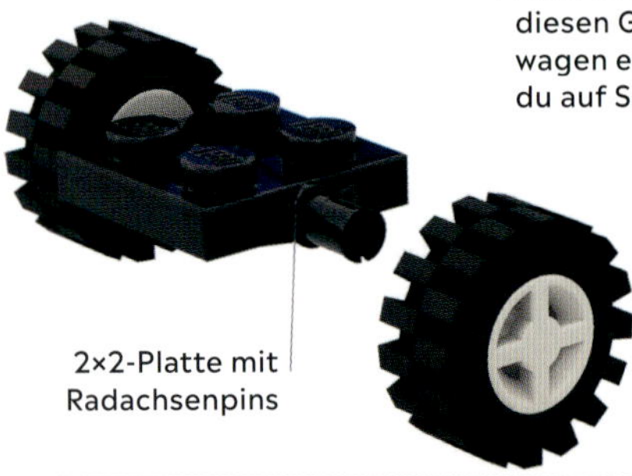

2×2-Platte mit Radachsenpins

ERSATZRAD

Der Geländewagen ist das einzige Auto in diesem Buch mit fünf Rädern! Am Heck ist ein Ersatzrad befestigt, an einer 1×2-Platte mit einem Radachsenpin. Die vier anderen Räder stecken auch auf Pins, aber an 2×2-Platten.

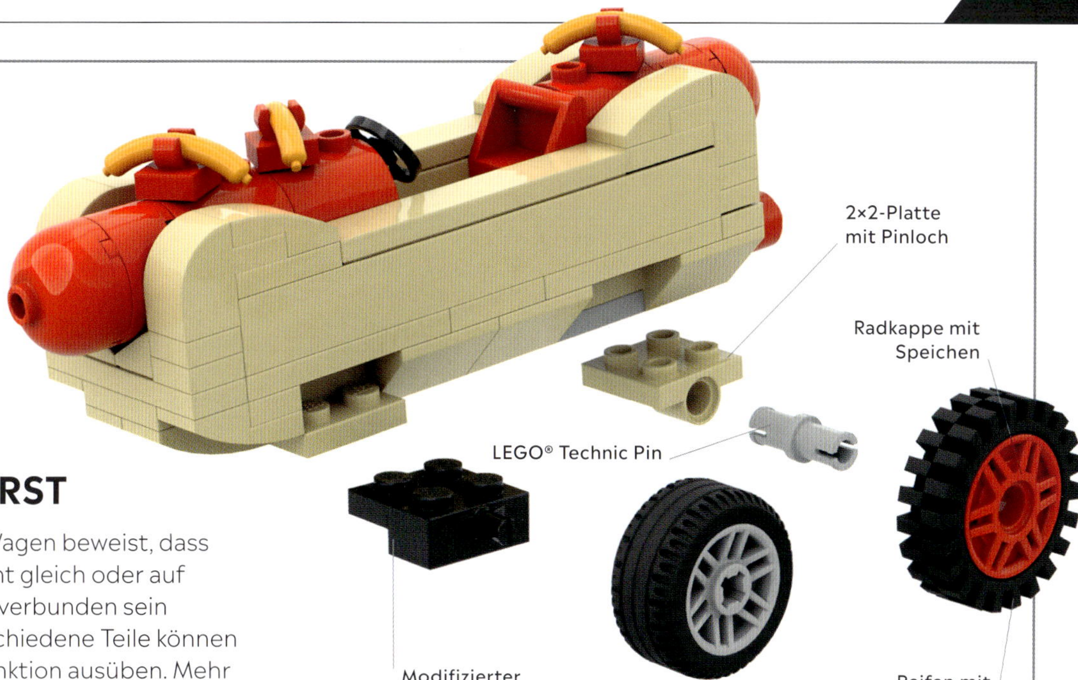

ROLLWURST

Der Hotdog-Wagen beweist, dass Autoräder nicht gleich oder auf gleiche Weise verbunden sein müssen – verschiedene Teile können die gleiche Funktion ausüben. Mehr über den Hotdog-Wagen erfährst du auf Seite 44.

MONSTERRÄDER

Schwere Superräder benötigen besonders starke Verbindungsteile. Ein kräftiger LEGO® Technic Hebearm hält Pins am Monstertruck sowie einen dritten Radachsenpin.

RENNWAGEN

Deine Minifiguren sind in diesem Rennwagen sehr schnell unterwegs. Er basiert auf den Fahrzeugen bei großen Rennen der Formel 1 und hat ein offenes Cockpit für einen einzigen Fahrersitz. Dank seiner niedrigen, schlanken Form erreicht er ein hohes Tempo auf den Geraden und Kurven der Rennstrecke.

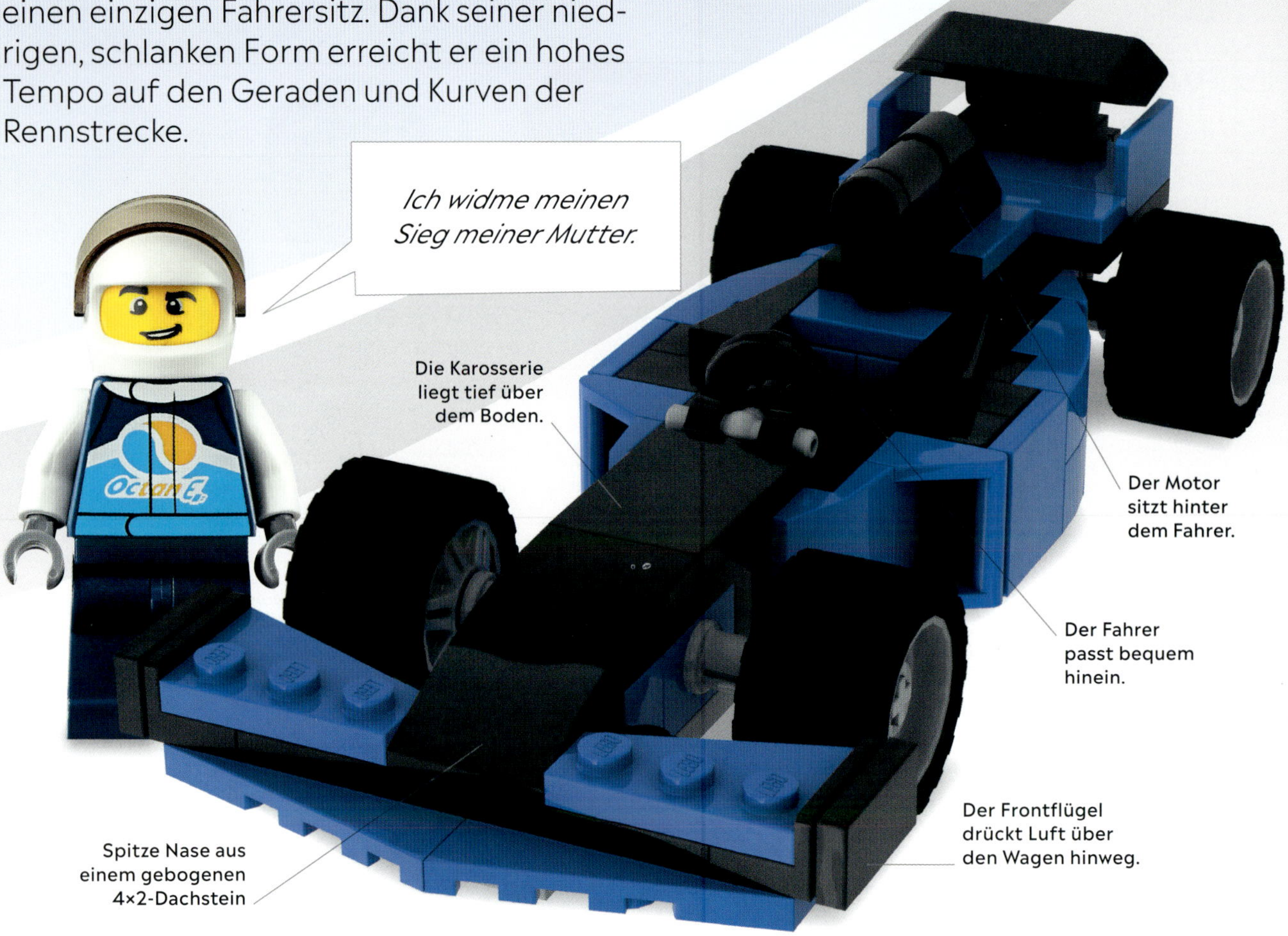

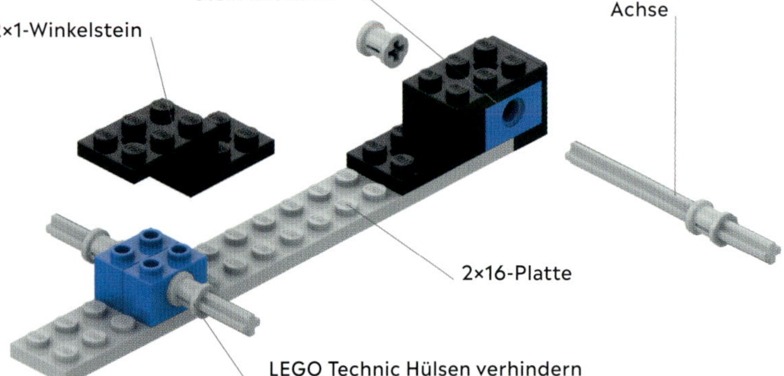

LEICHT UND SCHNELL

Ein superschnelles Auto wie dieses benötigt ein leichtes Fahrgestell ohne schwere oder überflüssige Teile. Dieses Fahrgestell wird um eine 2×16-Platte herumgebaut. Lange LEGO® Technic Achsen gleiten durch Steine mit Löchern an der Fahrgestellplatte und halten die Räder am fertigen Modell.

ABTRIEB

Der breite Frontflügel des Rennwagens drückt Luft über das Auto und sorgt für den sogenannten „Abtrieb“. Er hält das Auto auch bei hohen Geschwindigkeiten am Boden. Die Winkelform des Frontflügels wird durch Keilplatten gebildet.

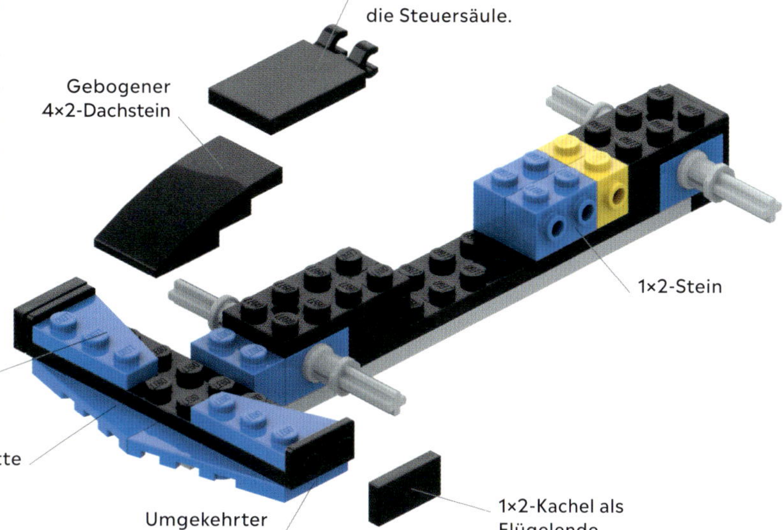

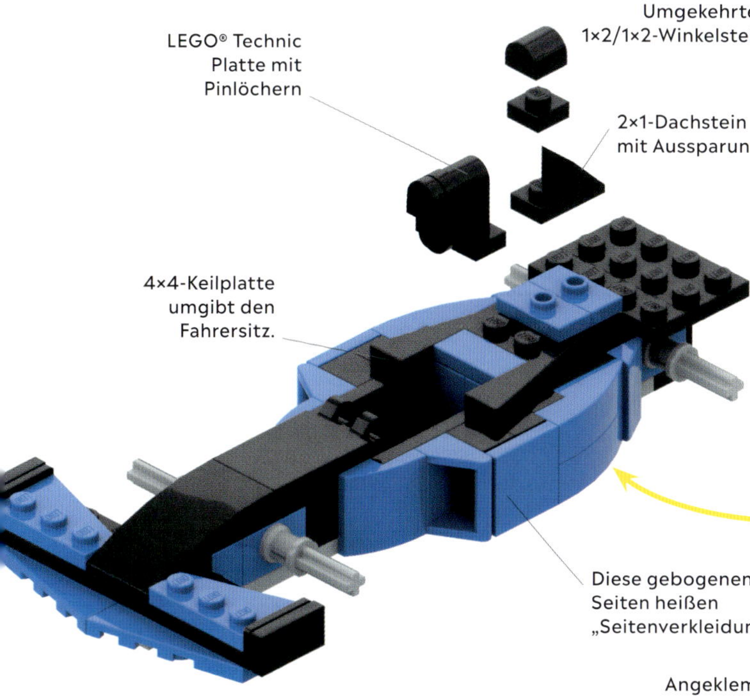

HECKMOTOR

Der Motor des Rennwagens sitzt hinten, sodass er schneller beschleunigen kann als normale Autos. Dieser Motor besteht aus vielen kleinen Elementen, die an Steckerplatten befestigt sind.

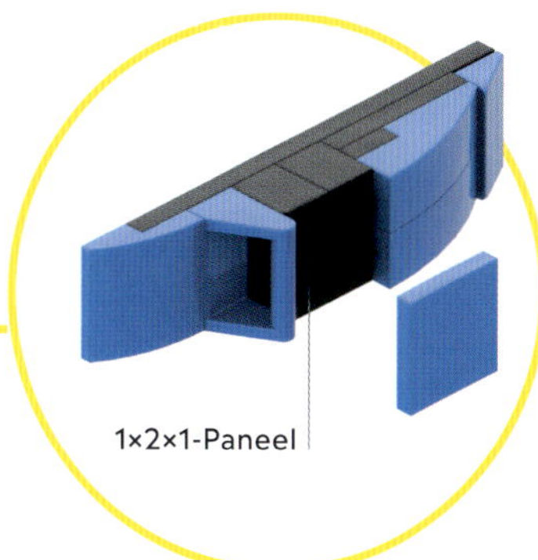

FERTIG ZUM START

Jetzt sind die Räder, die Steuersäule und die Heckflügel angebaut. Der Flügel sitzt auf zwei Kacheln mit Klemmen am Heck des Rennwagens. Außerdem sind hier die Auspuffrohre und eine Heckleuchte befestigt.

HOTDOG-WAGEN

Viele Menschen mögen Hotdogs, aber der Besitzer dieses Wagens liebt sie. Mit rundlicher Brötchenbasis, einer mit Senf bestrichenen Wurst und Ketchup- und Senfauspuffen ist dieses Auto kein alter Knacker!

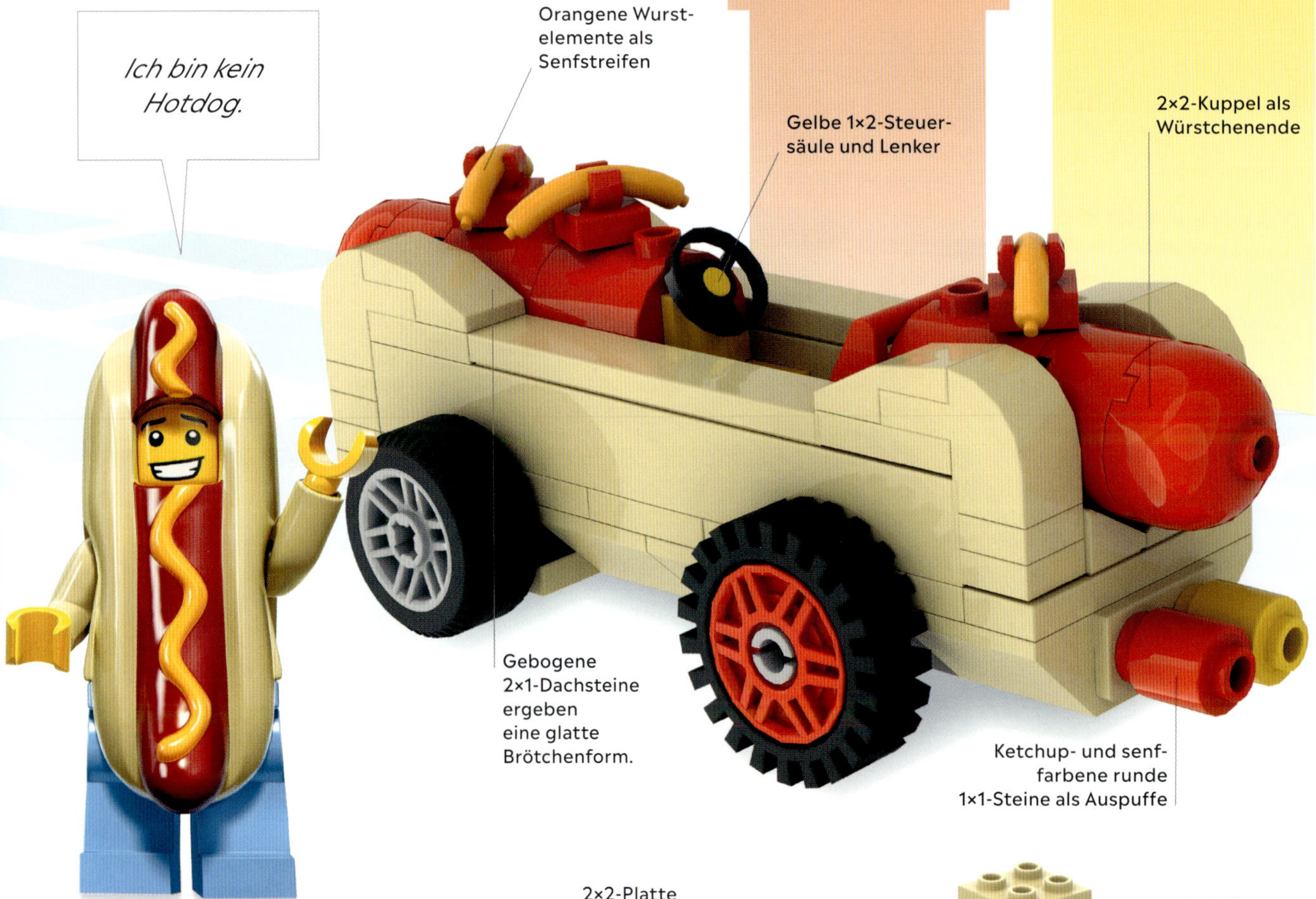

ZUERST DAS BRÖTCHEN

Ein wie ein Hotdog-Brötchen geformtes Auto benötigt ein längliches Fahrgestell. Der Hotdog-Wagen wird auf einer 2×10-Platte aufgebaut. Durch darunter befestigte umgekehrte Dachsteine wirkt die Brötchenbasis rundlich.

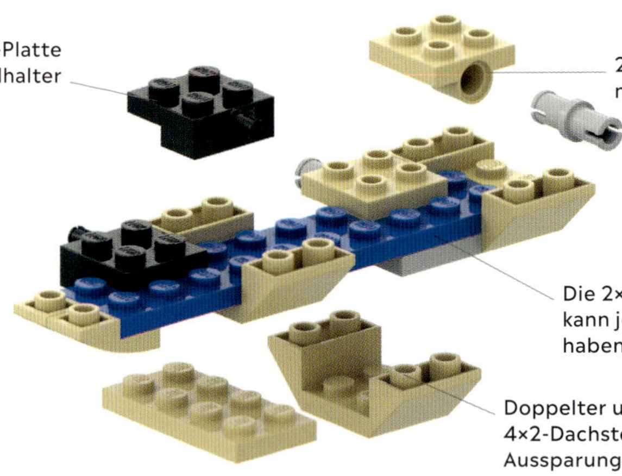

AUFGEHENDER TEIG

Baue weitere Platten auf das Fahrgestell, damit die Brötchenkarosserie entsteht. Befestige dann umgekehrte gebogene Dachsteine unter den Platten an der Front des Autos, um das gebogene Brötchenende zu bilden.

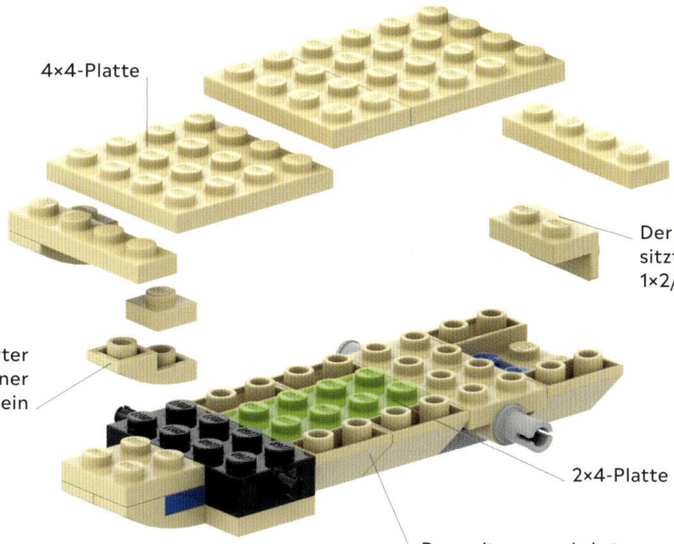

BAUE DIE WURST

In die Mitte der fertigen Brötchenkarosserie baust du nun die Wurst. Sie besteht in der Mitte aus doppelt gebogenen Dachsteinen und runden Steinen und Kuppeln an den Enden.

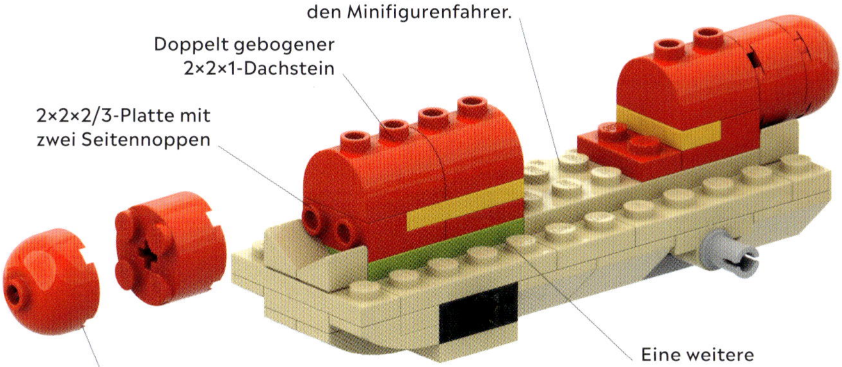

HOTDOG TO GO

Baue weitere Kurven an die Kanten der Karosserie mit gebogenen Dachsteinen und setze dann das Lenkrad ein. Serviere den Hotdog-Wagen mit Senfstreifen aus Mini-Hotdog-Elementen, die an 1×1-Kacheln mit Klemmen sitzen.

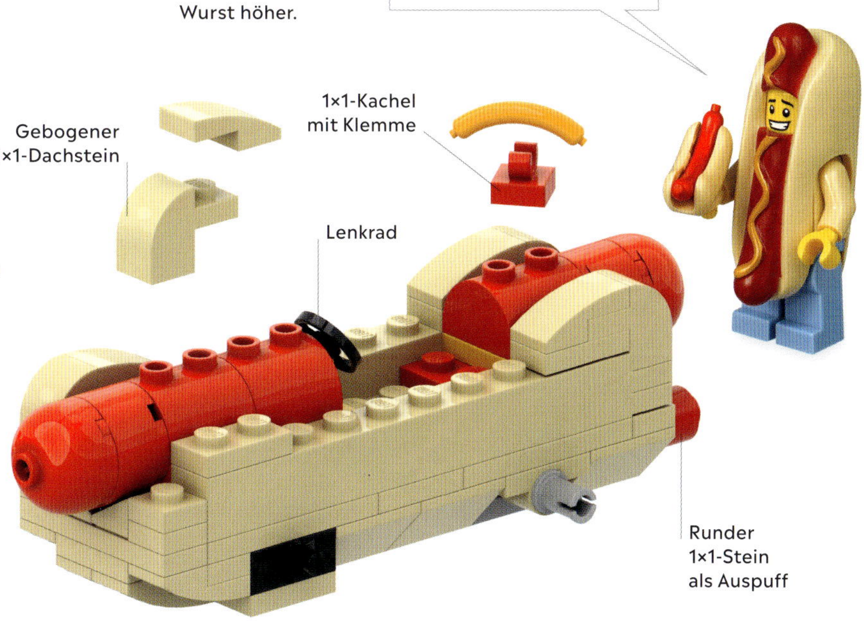

UMGEBAUTE AUTOS

Was passiert, wenn du ein normales Auto auf verschiedene Weise umbaust? Wenn du nur ein paar Teile bewegst oder änderst, kannst du deine Automodelle individuell gestalten und aufmotzen.

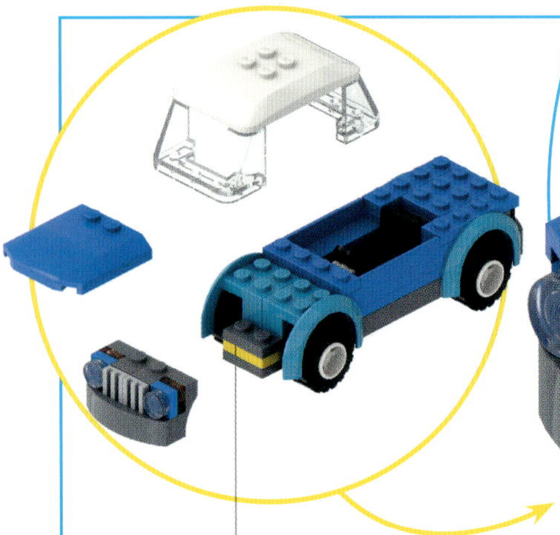

Die Stoßstangensteine sitzen an diesen Noppen.

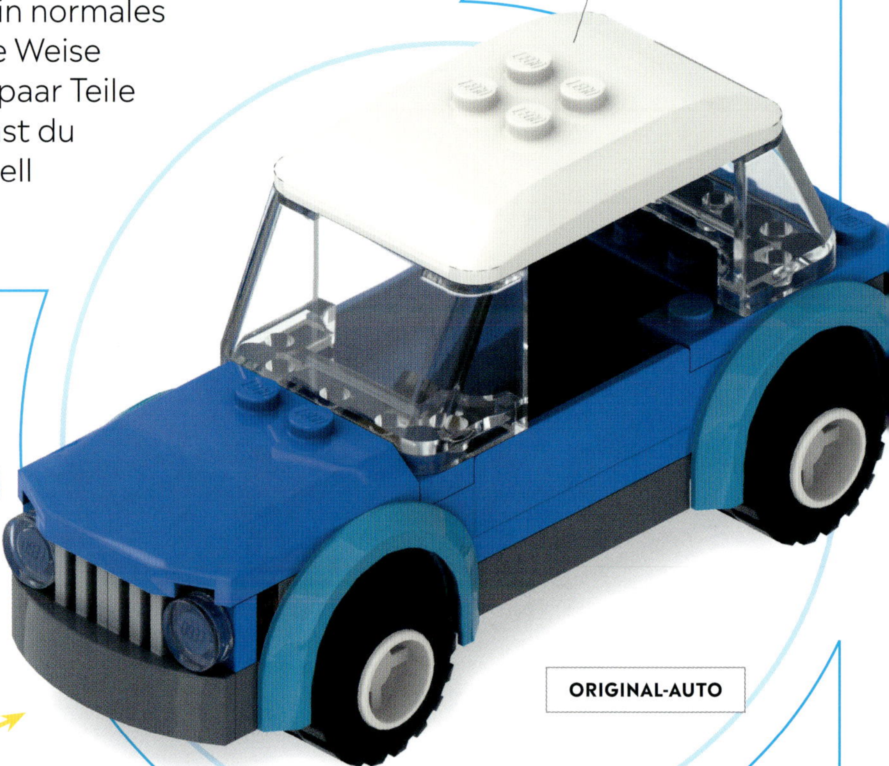

Einteiliges festes Dach

ORIGINAL-AUTO

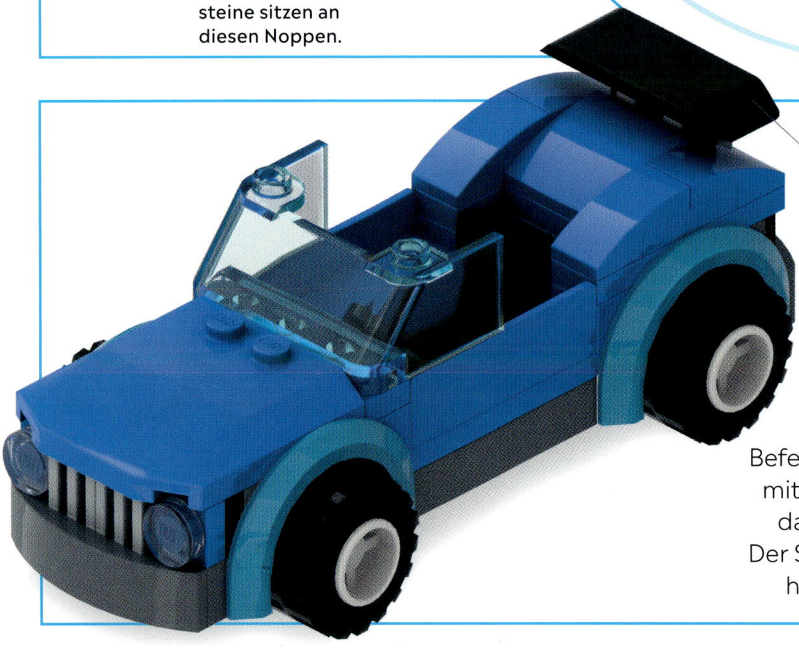

Hast du kein Spoilerelement, verwendest du Platten und Kacheln.

SPOILER

Befestige mithilfe von Elementen mit Klemmen einen Heckspoiler, damit das Auto schneller wirkt. Der Spoiler hält das Auto bei sehr hohem Tempo auf der Straße.

RENNSTREIFEN

Tausche Motorhauben- und Karosserieteile gegen weiße aus, um auf dem Autolack parallele Rennstreifen nachzubilden.

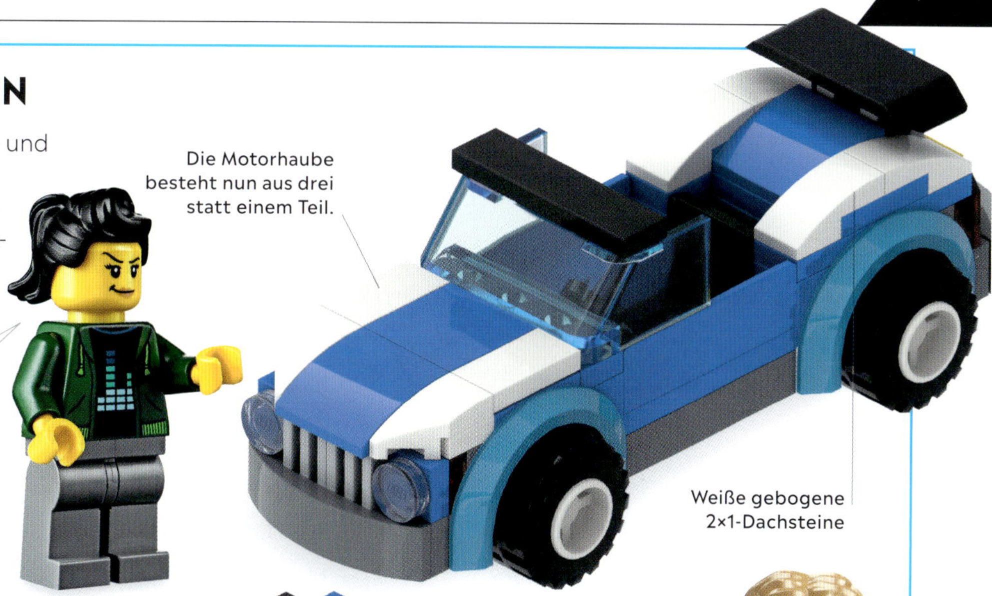

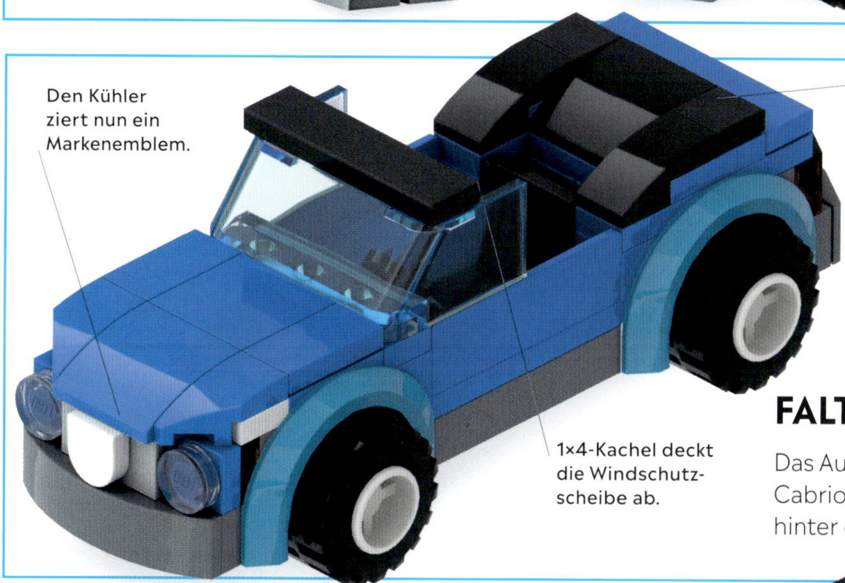

FALTDACH

Das Auto hat nun ein schickes Cabriodach, das zusammengefaltet hinter dem Fahrersitz verstaut ist.

FREIGELEGTER MOTOR

Mit einem freigelegten Motor wirkt das Auto besonders stark. Nur der Fahrer sieht nicht mehr so gut, wohin er fährt!

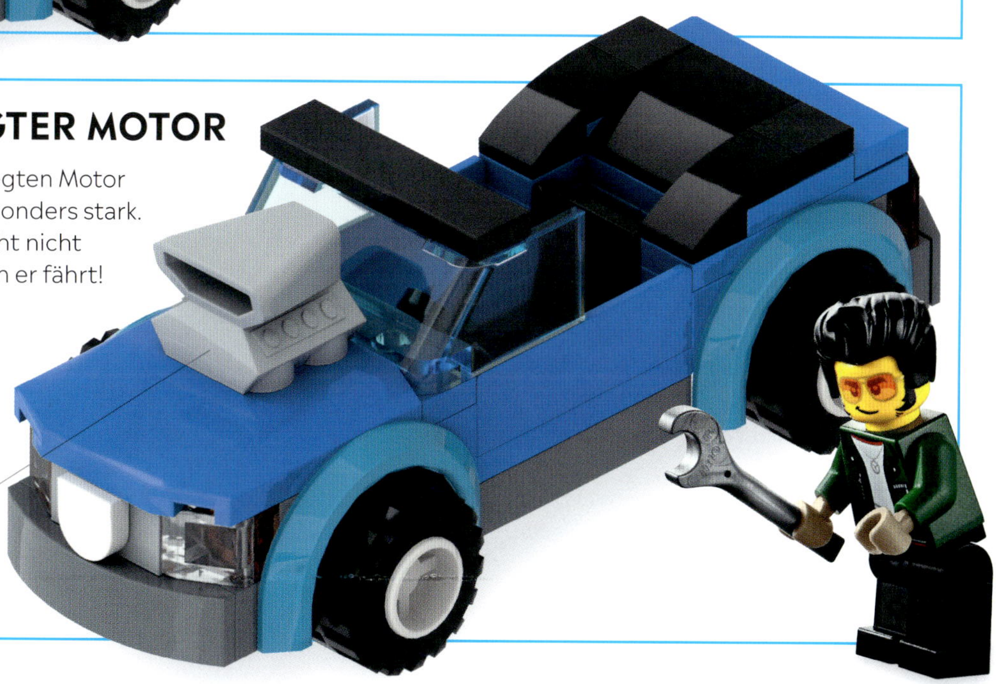

LONDONER TAXI

Taxi! Dieses schwarze Taxi nimmt täglich auf den Straßen von London Fahrgäste mit und bringt sie zu jedem gewünschten Ziel. Seine zeitlose Karosserie in Schwarz und Chrom ziert auf dem Dach eine Leuchte, die anzeigt, ob das Taxi noch frei ist.

PLATZ FÜR ZWEI

Taxifahrgäste sitzen meist hinter dem Fahrer, also baust du gleich zwei Sitzreihen hinein. Setze die Vorder- und Hintersitze in einem frühen Stadium ein und sorge für genügend Kopf- und Beinfreiheit für deine Minifiguren.

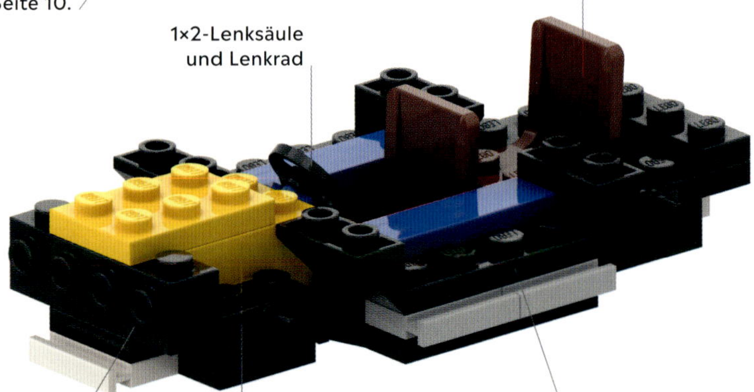

IN SCHWARZ BAUEN

Mit tollen Kotflügeln und Pins für die Räder, die unterm Fahrgestell sitzen, nimmt die Karosserie des schwarzen Taxis Form an. Die Türen sind aus 1×4-Steinen, die Armlehnen für den Fahrer aus blauen Kacheln.

TYPISCHES DESIGN

Die Front des klassischen Londoner Taxis hat eine einzigartige Form. Die langen, runden Kotflügel sind aus kleinen gebogenen Dachsteinen und runden Steinen mit Löchern für die Scheinwerfer. Die Heckstoßstange ist hoch und flach.

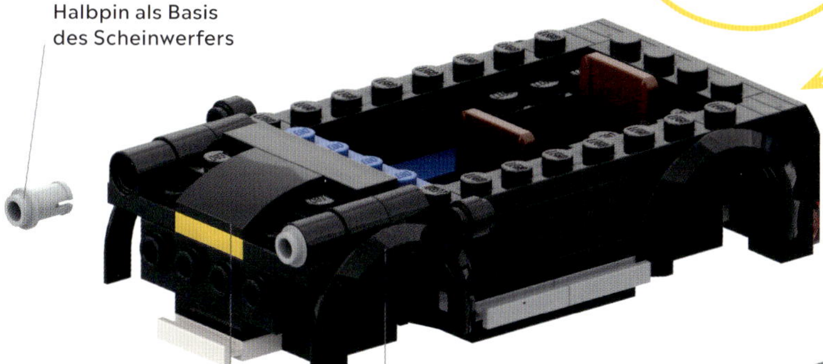

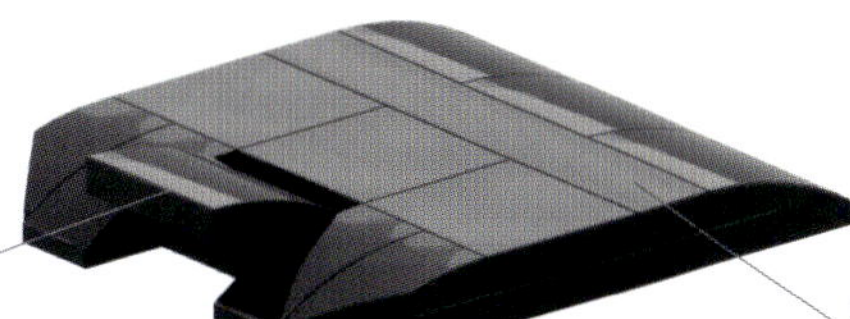

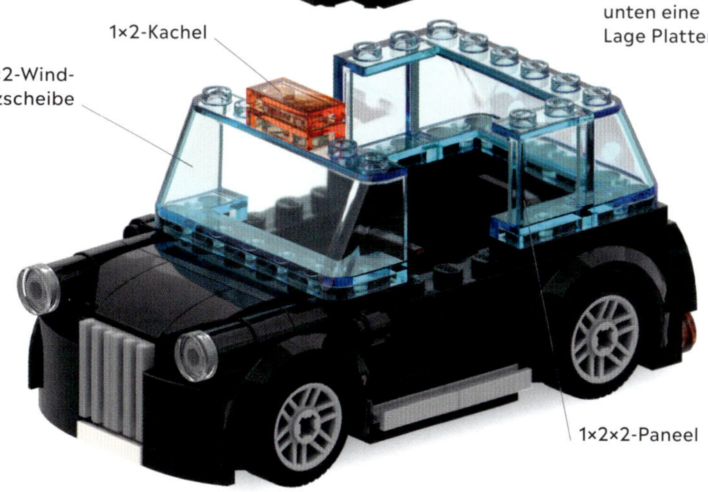

BITTE EINSTEIGEN

Taxifahrgäste schauen während der Fahrt gern hinaus. Baue eine breite Windschutzscheibe und viele Fenster um die Sitze, bevor du das Dach aufsetzt. Die Taxileuchte ist eine transparente, orangene 1×2-Kachel auf einer Platte in gleicher Größe und Farbe.

PICK-UP

Mit ihrer geschlossenen Fahrerkabine vorn und einer offenen Ladefläche dahinter sind Pick-ups wie dieser praktische Fahrzeuge. Man findet sie oft auf Bauernhöfen oder an Arbeitsstätten, da sie große oder schwere Lasten transportieren können. Aber auch Leute, die gern mehr Stauraum mögen, fahren sie als normale Autos.

LANG UND STARK

Der Bau des Pick-up-Fahrgestells beginnt mit einer langen 2×16-Platte, die die gesamte Fahrzeuglänge trägt. Darunter sitzen Platten mit Radachsenpins, zusammen mit umgekehrten gebogenen Dachsteinen, die die Räder zusätzlich von unten sichern.

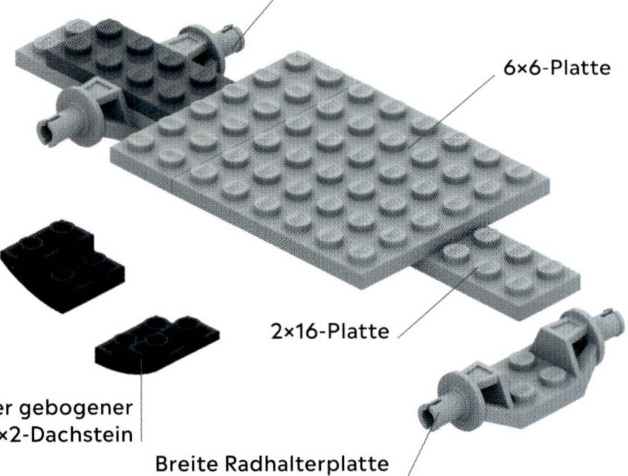

OFFEN UND GESCHLOSSEN

Hier kannst du sehen, wo die beiden Bereiche des Pick-ups aufgebaut werden. Eine 6×4-Platte wird hinten die offene Ladefläche bilden. Die kleineren Platten vorn sind die Basis der geschlossenen Fahrerkabine.

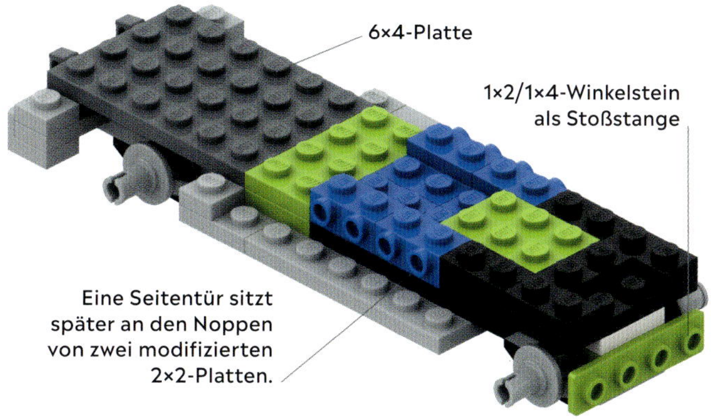

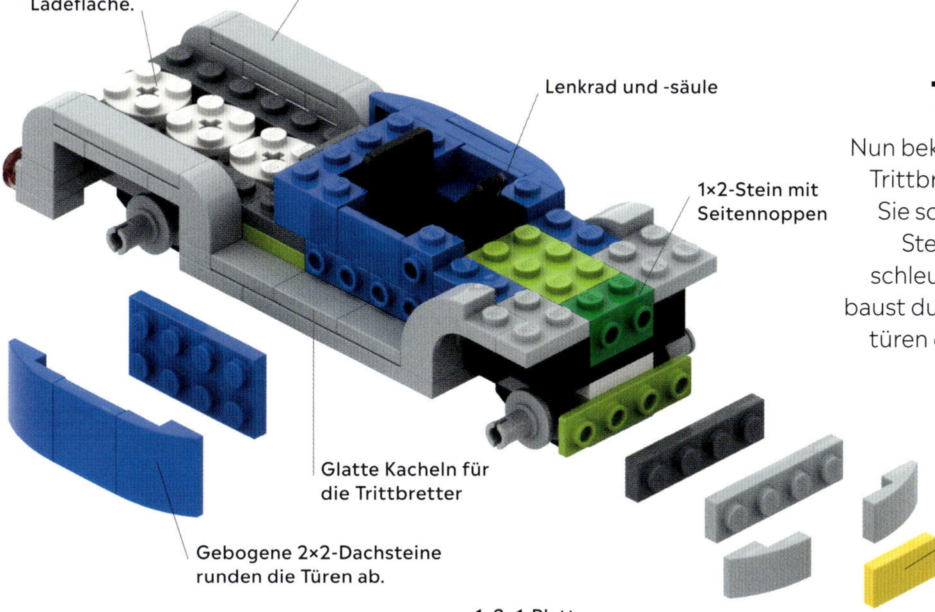

TRITTBRETTER

Nun bekommt der Pick-up breite Trittbretter entlang der Seiten. Sie schützen vor Schmutz und Steinen, die die Räder hochschleudern. In diesem Stadium baust du auch die breiten Seitentüren der Fahrerkabine und die Stoßstangen an.

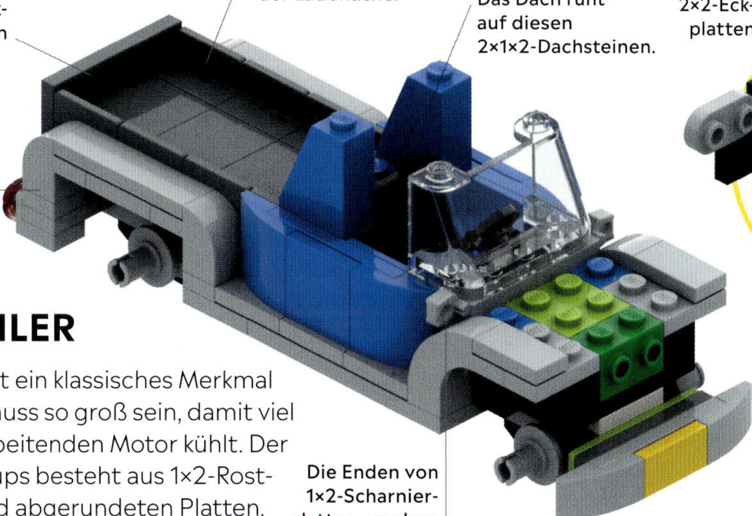

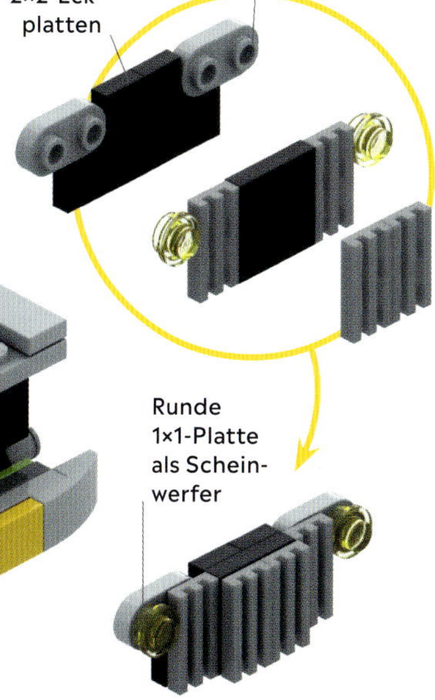

MOTORKÜHLER

Ein großer Kühler ist ein klassisches Merkmal eines Pick-ups. Er muss so groß sein, damit viel Luft den schwer arbeitenden Motor kühlt. Der Kühler dieses Pick-ups besteht aus 1×2-Rostkacheln, Platten und abgerundeten Platten.

UMGEBAUTE PICK-UPS

Der Pick-up auf Seite 50 lässt sich vielseitig umgestalten. Schau dir die Elemente in deiner Sammlung an und überlege, wie du an deinen Modellen weitere Werkzeuge und Funktionen anbringen, ihr Aussehen verändern oder sie in etwas anderes verwandeln kannst.

FESTES DACH

Für eine überdachte Ladefläche baust du am Heck mit Steinen hoch und setzt oben eine 4×8-Platte als gut abschließendes Dach auf.

LASTKRAN

Es macht noch mehr Spaß, mit dem Pick-up zu spielen, wenn du auf die Ladefläche einen kleinen Kran setzt. Dank einer Klickscharnierbefestigung kann er sich auf und ab bewegen.

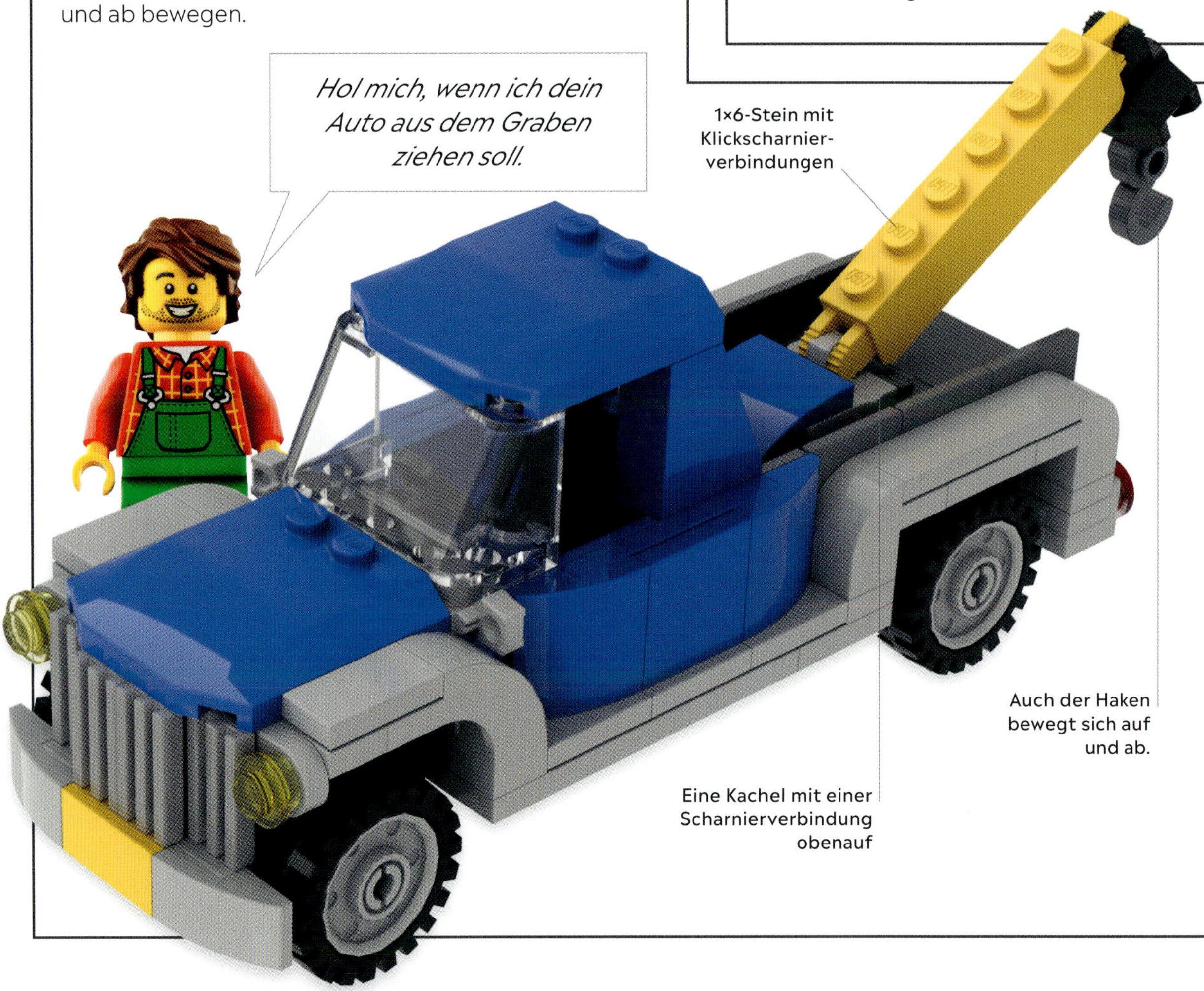

SOUNDANLAGE

Dieser Pick-up wird für Konzerte unterwegs in eine Bühne auf Rädern umgewandelt. Entferne die Seiten, dann ist Platz für einen Minifiguren-Sänger, zwei große Lautsprecher und ein Mikrofon.

ROSTIGES AUSSEHEN

Autos sind selten perfekt – oft sind sie abgenutzt und haben Kratzer, Dellen und Roststellen. Dieser Pick-up ist eine echte Rostlaube, aber irgendwer liebt ihn!

FRISIERT

Wie beim Auto auf Seite 68 ist die Karosserie ab- und neu aufgebaut worden. Neu sind auch der freiliegende röhrende Motor und Flammen an den Seiten.

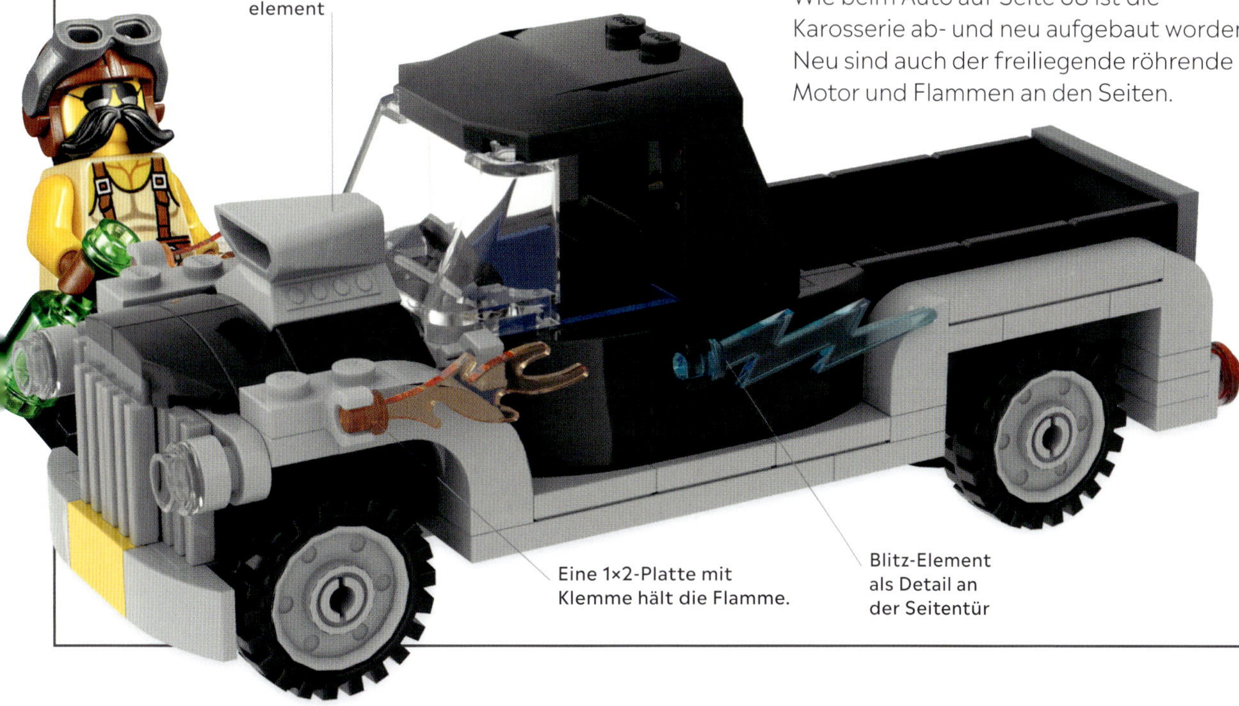

LEGO® STEIN AUTO

Er schafft 0 bis 60 Steine in Sekunden.

Verwandle doch mal deine liebsten LEGO® Steine in Autos. Der klassische 2×4-Stein ist das Vorbild für dieses Fahrzeug. Vorn und hinten gibt es Noppen und in der Mitte Platz für einen LEGO Fan als Fahrer. Kostüme im Stein-Look gehören dazu!

FAHRGESTELL-ANSICHT

Ein vom LEGO® Stein inspiriertes Auto braucht eine kastenförmige Basis. Das Fahrgestell ist eine schmale 2×12-Platte, auf der kürzere Platten und Radhalter horizontal sitzen. Die zweite Lage des Stein-Autos bildet eine 4×12-Platte mit Kotflügelelementen.

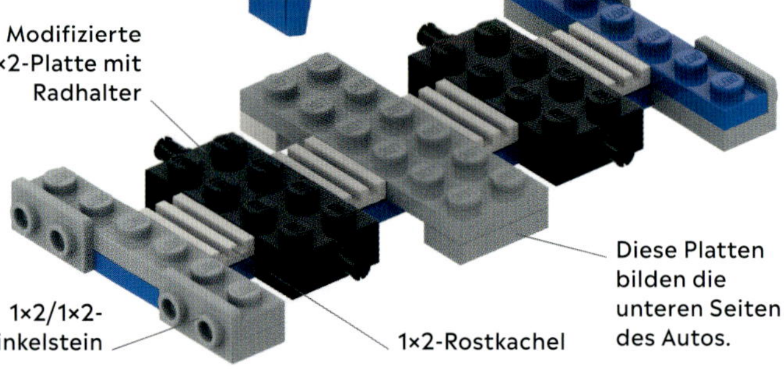

VERBORGENER MOTOR

Unter der Motorhaube eines echten Autos findest du einen Motor. Beim LEGO® Stein Auto ist es genauso, auch wenn es aus LEGO Elementen besteht! In die steinartige Motorhaube ist hinter der Stoßstange ein 2×2-Automotorelement eingebaut.

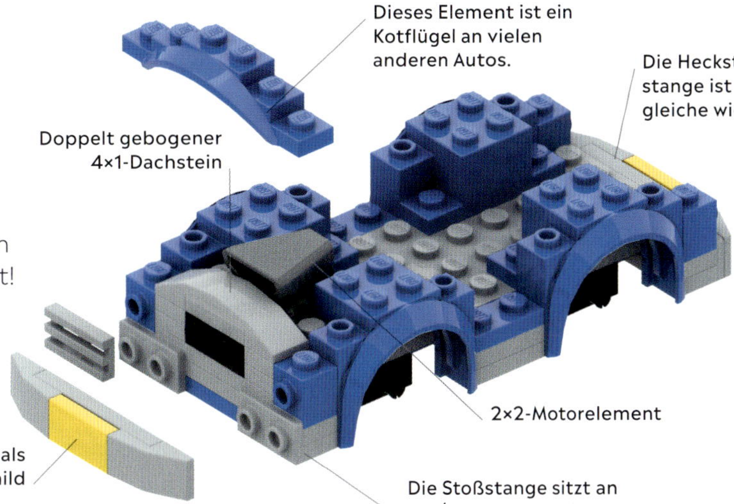

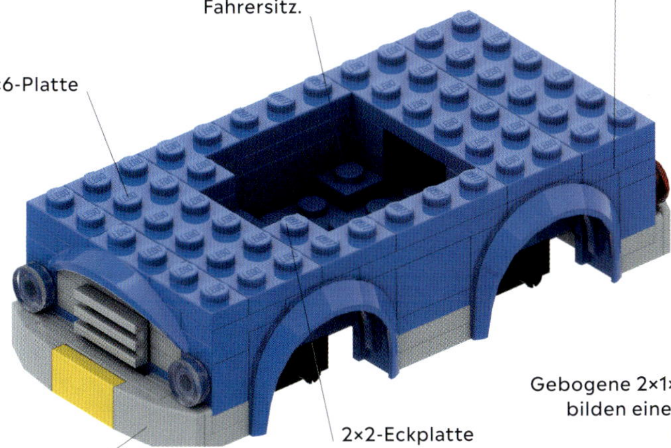

VERKLEIDUNG

Nun ähnelt das LEGO® Stein Auto einem klassischen 2×6-Stein. Die Karosserie ist mit kleinen Platten verkleidet, und für die Kabine des Minifigurenfahrers gibt es in der Mitte eine quadratische Aussparung.

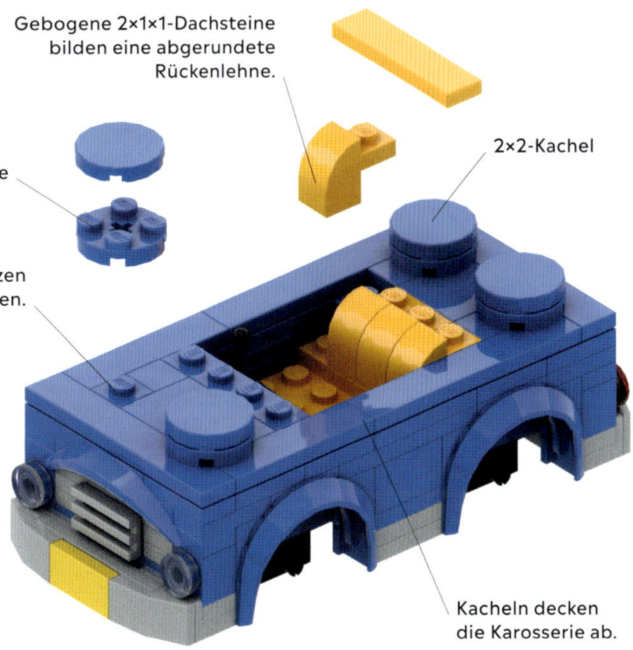

SUPERGROSSE NOPPEN

Ohne Noppen sähe das Auto nicht wie ein LEGO® Stein aus! Vorn und hinten gibt es je zwei aus runden 2×2-Platten und -Kacheln. In die Mitte, wo auf einem echten 2×6-Stein zwei weitere Noppen sitzen, baust du einen Fahrersitz und einen Joystick als Lenker ein.

SPORTWAGEN

In diesem Sportcabrio spüren deine Minifiguren den Wind in ihrem LEGO® Haar! Sein Faltdach aus schwarzen Kacheln und Dachsteinen lässt sich für Fahrten an sonnigen Tagen öffnen. Dieses für Speed gebaute schnittige Fahrzeug ist klein und niedrig und hat auf der Motorhaube weiße Rennstreifen.

KAROSSERIEBASIS

Die Karosserie des Sportwagens wird auf einem Fahrgestellelement errichtet. Platten und Steine werden daran oben, unten und seitlich angebaut. Hast du so ein Fahrgestellelement nicht, baust du dir eins aus Platten. Auf Seite 10 findest du viele Fahrgestell-Bauideen.

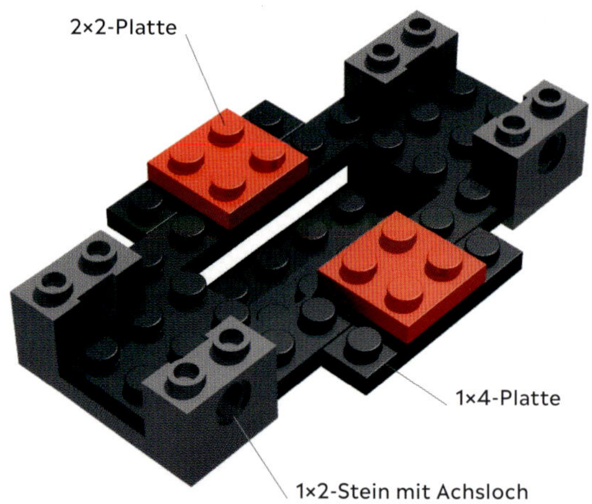

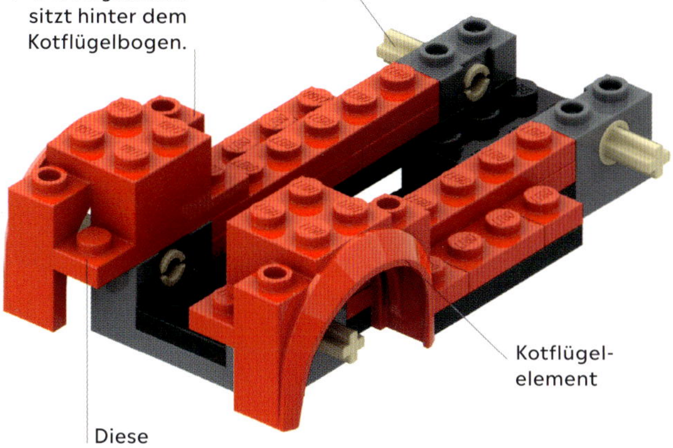

HOHE RÄDER

Die Karosserie eines Sportwagens sitzt dicht über dem Boden, damit er schnell fahren und enge Kurven leicht nehmen kann. Befestige die Radachsen und Kotflügel direkt am tief liegenden Fahrgestell.

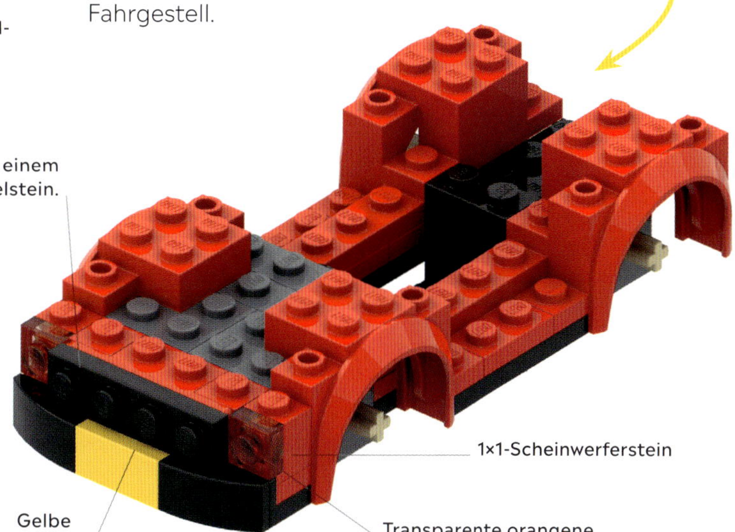

STOSSSTANGENDETAILS

Scheinwerfer und Nummernschilder vorn und hinten am Sportwagen werden in Seitenbautechnik befestigt. Besonders nützlich sind Winkel- und Scheinwerfersteine fürs Seitwärtsbauen.

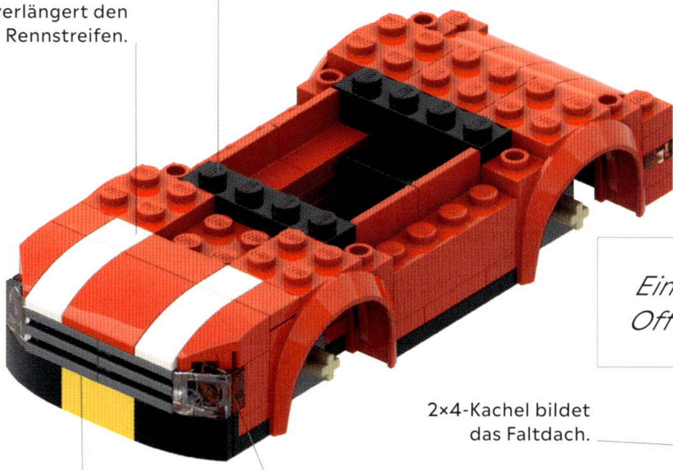

GLATTE FAHRT

Gebogene Dachsteine und kleine Kacheln bilden die Motorhaube des Sportwagens mit Rennstreifen. Mehrere gebogene Dachsteine über der hinteren Stoßstange formen ein schnittiges Heck.

HECKANSICHT

AUTOS IM MIKRO-MASSSTAB

Es macht Spaß, Minifahrzeuge aus wenigen Steinen zu bauen – im Mikromaßstab, also kleiner als im Maßstab von Minifiguren. Beim Mikromaßstab werden aus einer 1×2-Kachel eine ganze Motorhaube, aus zwei 1×1-„Käse“-Dachsteinen eine Windschutzscheibe und aus Skateboardrädern richtige Räder.

Das Dach ist ein gebogener 2×2-Dachstein.

Transparente rote 1×2-Platte als Heckleuchte

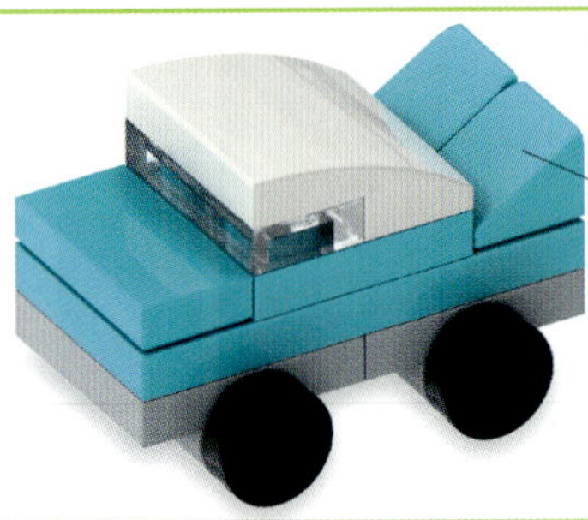

Zwei 1×1-Käsedachsteine als Heckflosse

AUTOS

Diese Autos sind zwar klein, haben aber viele Details. Das blaue Auto hat eine Heckflosse im Stil der 1950er-Jahre, das orange hat rote Heckleuchten und das pinke Auto ist tiefergelegt.

LIEFERWAGEN

An ihren besonders typischen Details ist sofort zu erkennen, was diese Lieferwagen transportieren – nämlich Eis, Pizza und extragroße Hähnchen!

Halbkreiskachel sitzt auf der Noppe einer Steckerplatte.

Eine transparente 1×2-Platte als Windschutzscheibe

Pizzaschachteln aus 2×2-Steckerplatten

Seitwärts befestigte 1×2-Kachel

Auf Seite 84 findest du diesen Wagen im Minifigurenmaßstab.

KLEINE GROSSFAHRZEUGE

Sogar die größten, schwersten Straßenfahrzeuge kannst du im Mikromaßstab bauen – und sie funktionieren! Die Feuerwehr hat hinten eine bewegliche Leiter, und der Auflieger des Transporters lässt sich abhängen oder „abkoppeln".

Mit Regenbogen bedruckte Kacheln sitzen an Seitennoppen.

1×2-Platten in Regenbogenfarben

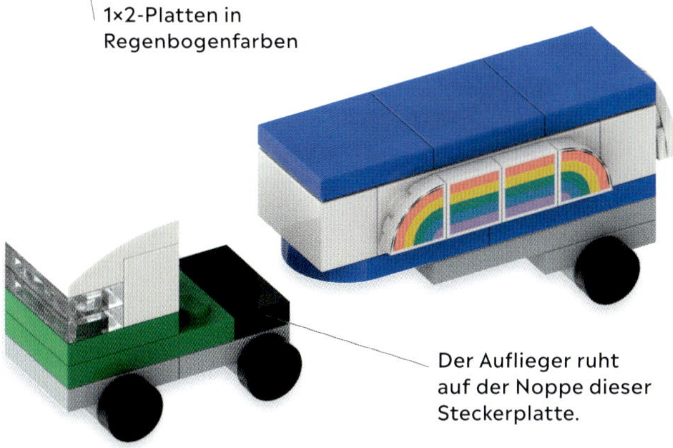

Der Auflieger ruht auf der Noppe dieser Steckerplatte.

Schnell, ein Schneckenhaus brennt!

1×2-Platte mit Griff als Leiter

Transparente 1×2-Platte als Windschutzscheibe

KOPIERE DEINE MODELLE

Baue doch mal deine Lieblingsmodelle im Mikromaßstab nach! Dieser Mini-Geländewagen weist alle Details seines größeren Allradbruders auf (wie du den baust, erfährst du auf Seite 6).

Zwei Käsedachsteine als Windschutzscheibe

2×2-Kachel als Faltdach

Der ist ja wie ein Baby von mir!

Dieses Modell ist doppelt so groß wie die Version im Mikromaßstab.

UNTERWASSER-AUTO

An Land gibt es viele Straßen, doch der Ozean ist weitgehend unerforscht – bis jetzt! Dieses Unterwasserauto mit Propellerantrieb wird den Meeresboden erkunden. Die wasserdichten Sitze haben große Kuppelfenster, durch die der Fahrer und sein Fahrgast einen Rundumblick auf die vorbeiziehenden Meeresbewohner haben.

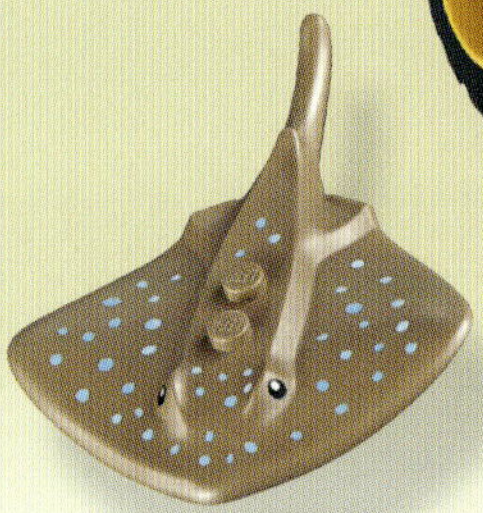

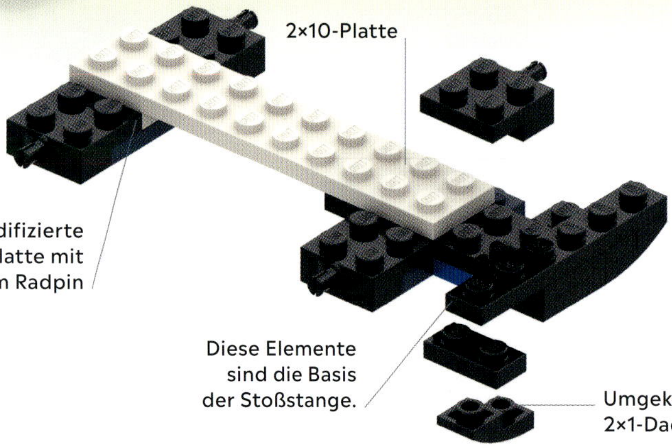

SANDFAHRGESTELL

Das Unterwasserauto hat ein hohes Fahrgestell, da es die meiste Zeit durch tiefe Sanddünen fährt. Es wird um eine 2×10-Platte gebaut. Platten mit Radachsenpins sitzen an kleineren Platten darunter, und daher ist die Fahrgestellplatte höher als die Radpins.

ABGEFLACHT

Die 2×10-Platte ist noch sichtbar, doch nun sitzen viele weitere Platten und umgekehrte Dachsteine darum herum. Sie flachen die Basis des Unterwasserautos ab, damit eine große Platte daraufpasst.

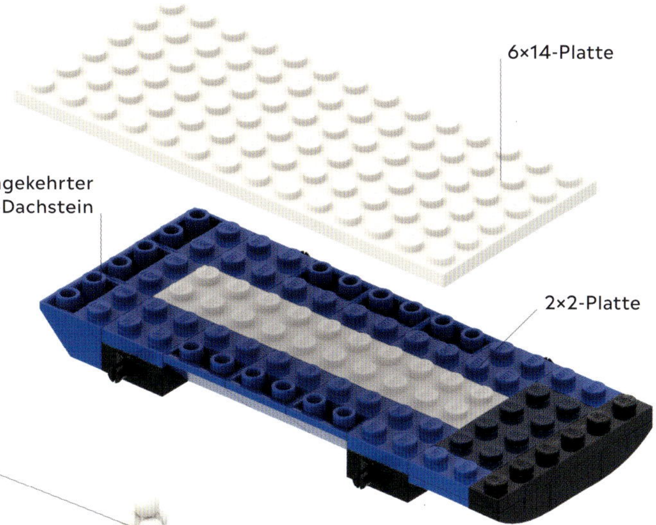

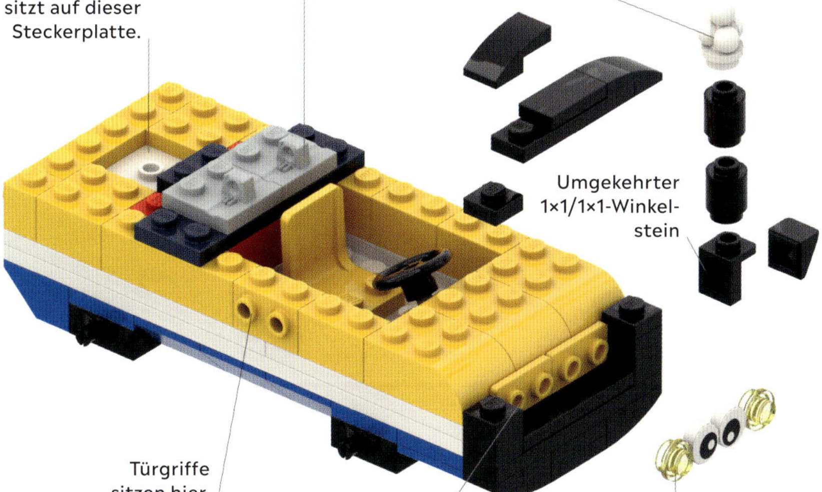

SCHNORCHEL-STOSSSTANGE

Nun bildet eine gelbe Lage von Steinen die abgerundete Karosserie. Es gibt eine große Aussparung für die Fahrerkabine und eine kleinere für den Fahrgast. Die typische Schnorchelstoßstange bekommt Augen und ein Rohr mit Blasen.

SEETÜCHTIG

Nun werden die wasserdichten Fenster des Unterwasserautos angebaut. Das größere Frontfenster hat „Scharnierfinger" an Scharnierplatten hinter dem Fahrersitz. Das kleinere Fahrgastfenster sitzt auf den Noppen einer runden Platte mit Loch.

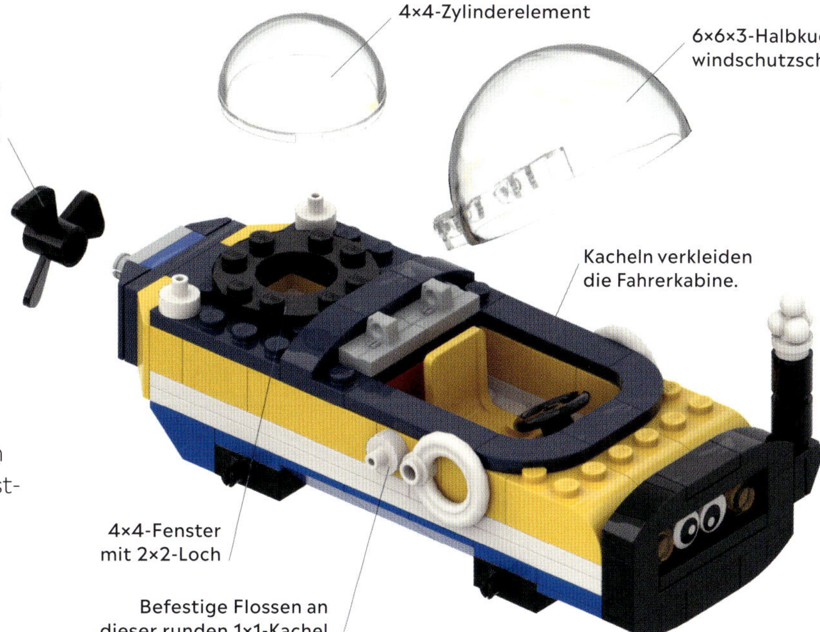

FAHRERLOSES AUTO

Das ist ein kluges Auto! Fahrerlose oder selbstfahrende Autos benötigen keinen Fahrer, da sie die Fahrroute planen, Straßenschilder erkennen und ihre Umgebung wahrnehmen. Dieses Modell hat eine Einstiegsrampe und innen viel Platz für jemanden in einem Rollstuhl.

EINGEBAUTE RAMPE

Die niedrige Basis des fahrerlosen Autos besteht aus einer 4×8-Platte, auf der viele kleinere Platten stecken und sie sechs Noppen breit machen. Eine Reihe gebogener Dachsteine an einem Ende bildet die Rampe fürs Ein- und Aussteigen.

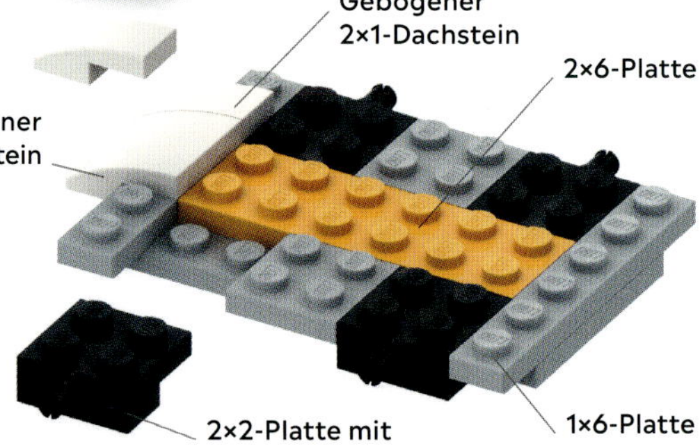

AUTOBODEN

Bilde mit Kacheln auf den Fahrgestelllagen einen glatten Boden im Inneren. Die Käsedachsteine verhindern, dass ein Rollstuhl zu weit nach vorn rollt, wenn sich das Auto bewegt.

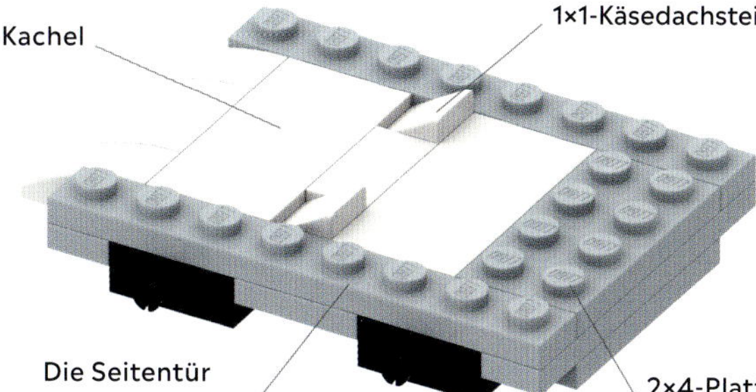

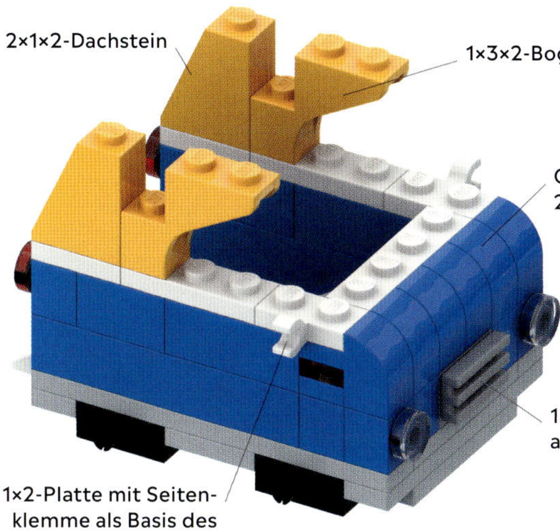

STABILES DESIGN

Die steil geneigte Motorhaube und die Stoßstangendetails des fahrerlosen Autos sind nun vorn angebracht, und unterschiedlich große Steine bilden die stabilen Seiten der Karosserie. Für den oberen Teil baust du zunächst Dachsteine und Bögen an.

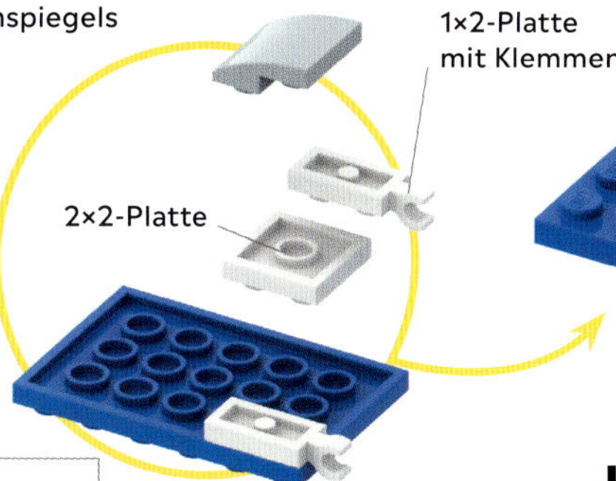

HECKTÜR

Setze nun noch ein glattes Dach auf und baue eine Hecktür. Diese hier hat Klemmen- und Stangenscharniere oben, damit sie die Einstiegsrampe nicht blockieren.

PRÄSENTIERE DEINE AUTOS

Hast du ein LEGO® Auto gebaut, auf das du besonders stolz bist, möchtest du es vielleicht irgendwo parken oder präsentieren, wenn du nicht damit spielst. Dein Lieblingsauto könnte schweben, angestrahlt werden oder neben einem Stadtbild posieren.

SCHWEBEHALTER

Ein LEGO® Auto kann auf dem 2×4-Stein oben auf diesem kleinen Winkelhalter ruhen, als ob es schweben würde. Dank einer Scharnierstein- und -plattenverbindung darunter ist der Stein schräg.

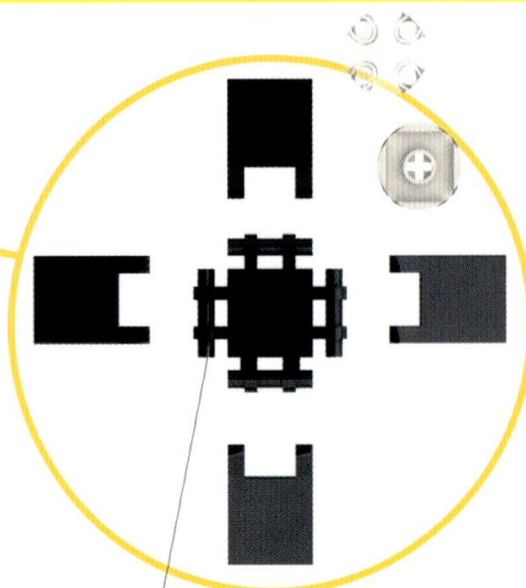

SCHEINWERFERSTÄNDER

Licht an, Kamera läuft und Action! Rücke dein Lieblingsmodell ins rechte Licht und stelle Scheinwerfer neben deine Fahrzeuge. Die großen Flutlichter sitzen schräg dank einer Verbindung aus Klemme und Stange.

SOCKEL

Du könntest deine tollsten Autos auf einem einfachen Block oder Sockel präsentieren. Dieser hier hat oben eine große 8×16-Kachel, doch mit kleineren Kacheln erzielst du den gleichen Effekt.

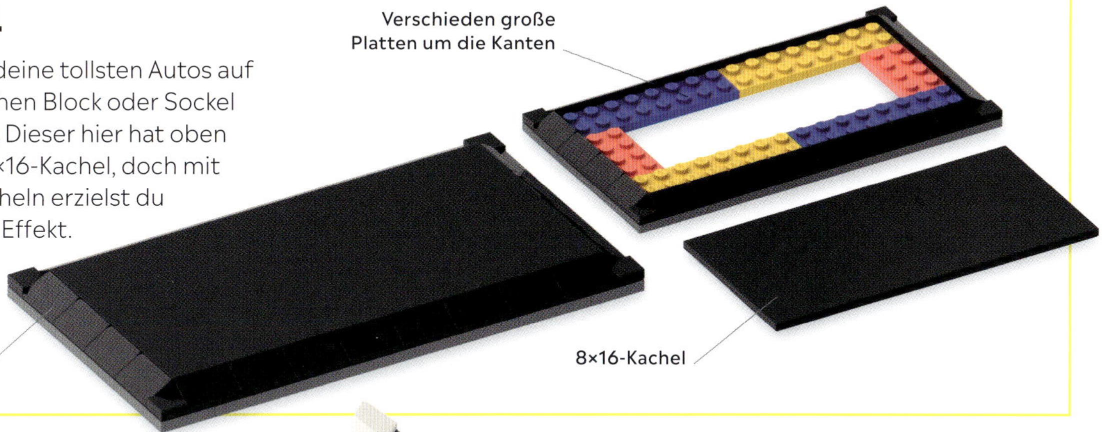

LANDSCHAFT

Baue im Mikromaßstab einen hügeligen Hintergrund, vor dem deine Autos parken, und genieße die Aussicht! Neben eine glatte Straßenoberfläche setzt du eine beliebige Landschaft – oder eine, die zu deinem Lieblingsmodell passt.

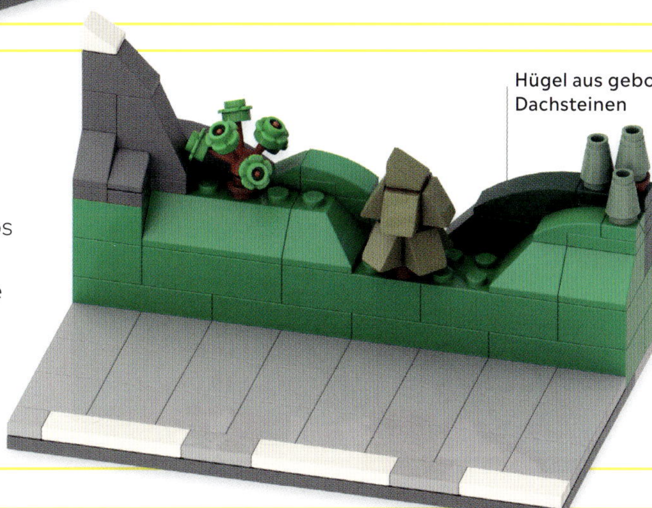

STADTBILD

Stadtautos wirken toll neben einem Stadtbild im Mikromaßstab. Am liebsten würden sie ein Selfie machen! Die kleinen Wolkenkratzer bestehen abwechselnd aus normalen und transparenten Kacheln.

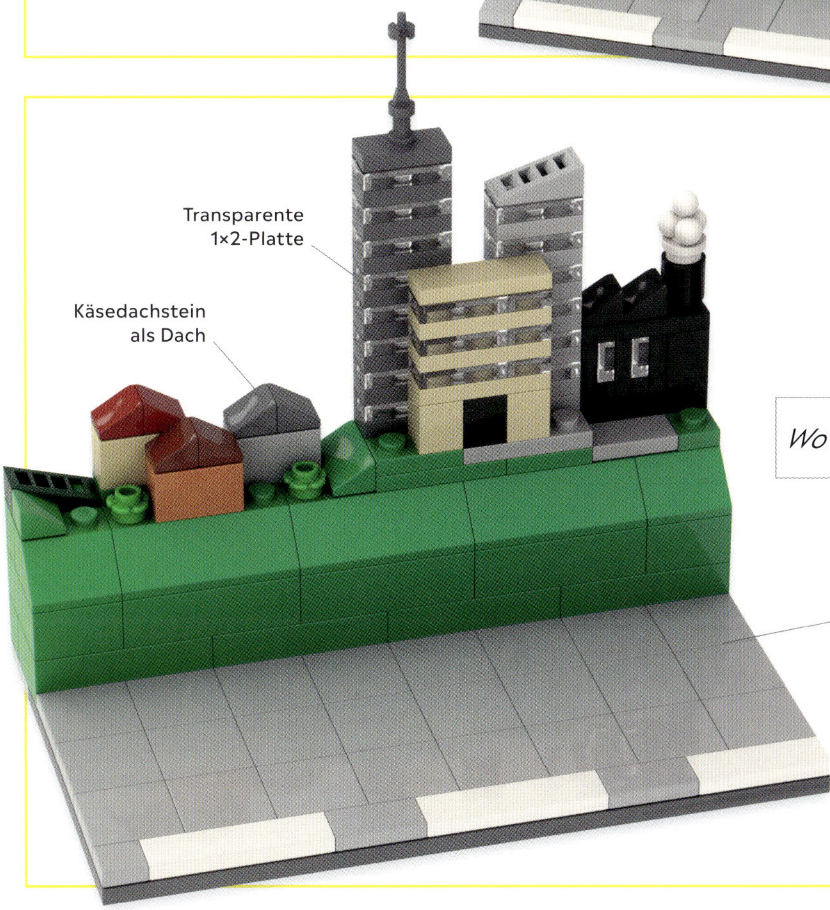

Wo ist es hingefahren?

WOLKENAUTO

Autos müssen nicht nur für Straßen gebaut werden. Dieses Fantasieauto schwebt hoch in den Wolken und verbreitet Farbe und Freude statt Benzingestank aus seinem Regenbogenauspuff! Es sieht selbst wie eine Wolke aus dank seiner runden Form und seinem Farbschema in Weiß und Türkis.

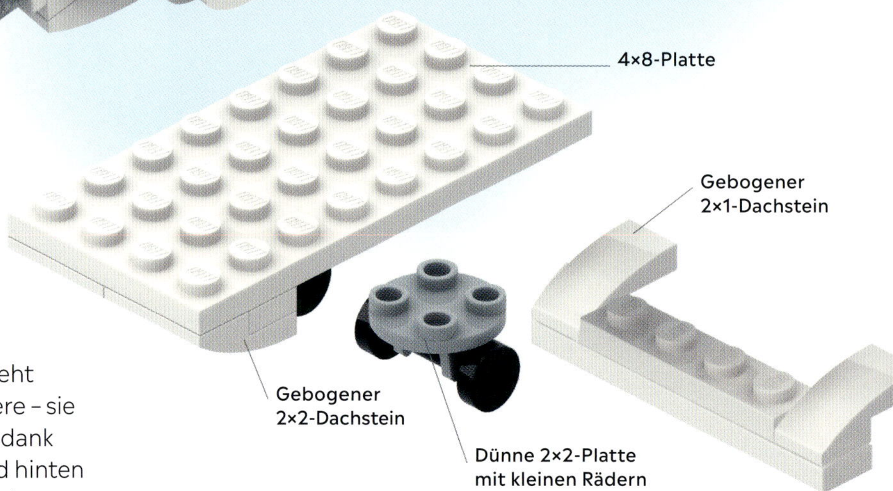

ERSTE KURVEN

Die Basis dieses Wolkenautos sieht nicht so fluffig aus wie das Äußere – sie ist eine eckige 4×8-Platte. Aber dank gebogener Dachsteine vorn und hinten unter diesem Fahrgestell wird schon die rundliche Wolkenform sichtbar.

WOLKENANSAMMLUNG

Baue auf und unter dem Fahrgestell die Wolkenform weiter aus und füge auch Steine mit Seitennoppen ein, um später Elemente seitwärts anzubauen. Setze ins Heck des Autos auch eine Platte mit Griff ein, die den Regenbogenauspuff halten wird.

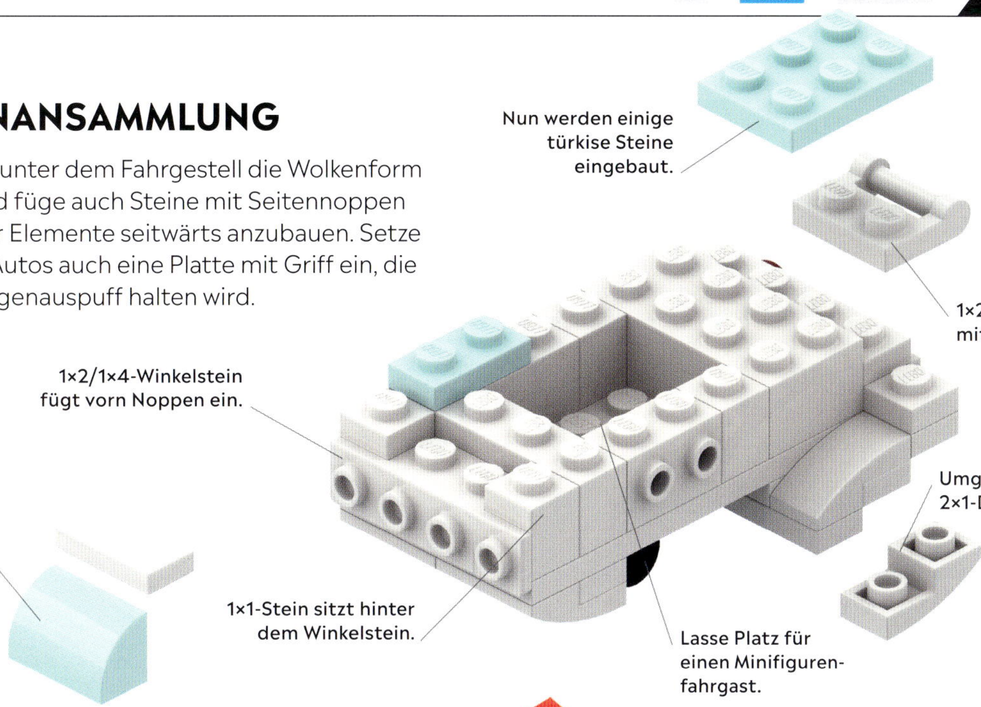

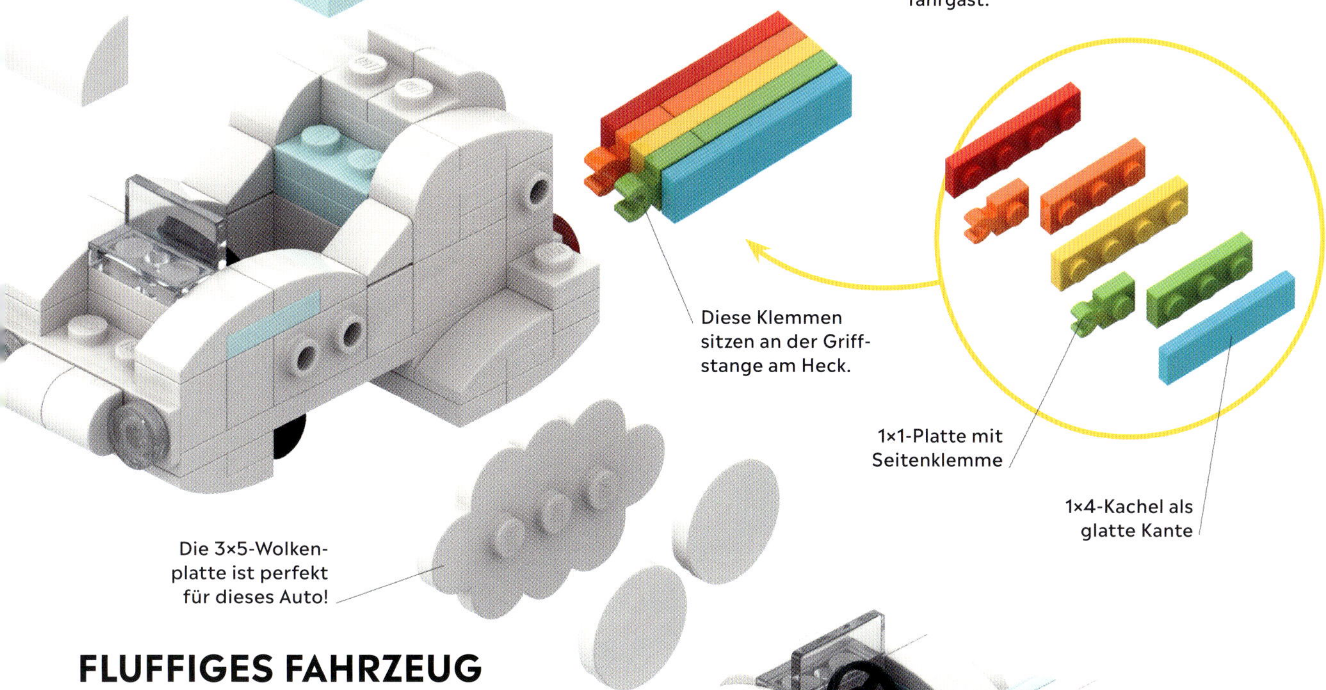

FLUFFIGES FAHRZEUG

Setze weitere gebogene Dachsteine an den vorderen, seitlichen und oberen Kanten des Wolkenautos an, damit es fantastisch fluffig aussieht, sowie eine Windschutz-scheibe, Leuchten und einen Regenbogen-auspuff, der den Himmel mit Farbe erfüllt.

HECKANSICHT

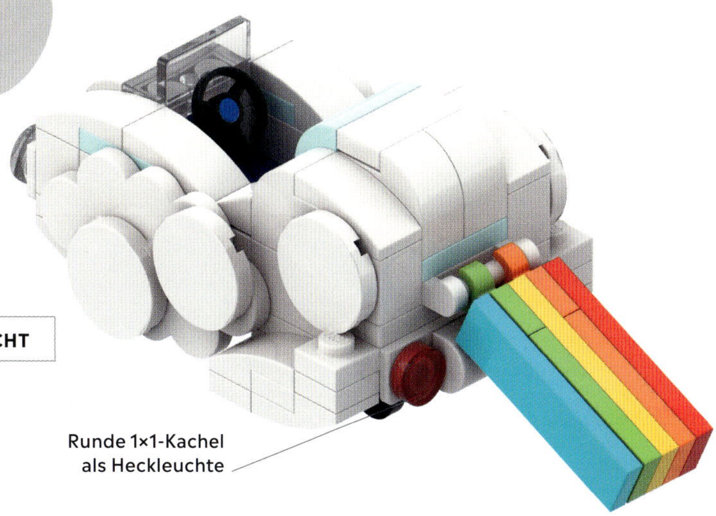

FRISIERTES AUTO

Ein frisiertes Auto ist meist ein älteres Auto, das durch Umbauten noch schneller und cooler ist als vorher. Das hier ist getunt und bereit, mit einem großen Motor, Flammen und einem Froschkopf loszurasen!

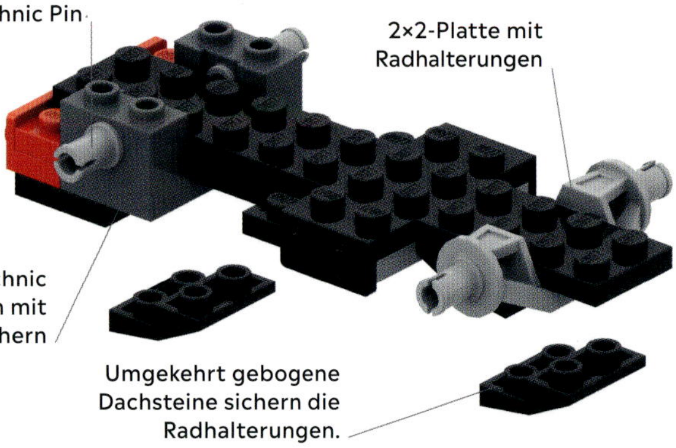

ABGEBAUT

Minifiguren bauen für ihre frisierten Autos Fahrzeuge wie hier gern bis zur Basis ab. Dieses Fahrgestell ist um eine 2×12-Platte herumgebaut. Es gibt vorn und hinten unterschiedliche Radhalterungen, in die die verschieden großen Räder passen.

FREIGELEGTE STOSSSTANGE

An frisierten Autos liegen normalerweise eingebaute Teile außerhalb - sie sind „freigelegt“. Dieses Auto hat freigelegte Scheinwerfer an der vorderen Stoßstange über einem Aufpralldämpfer aus einem Metallstab.

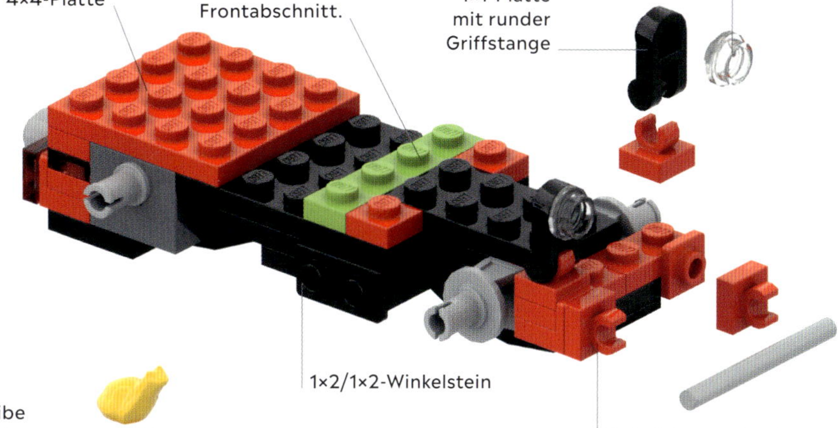

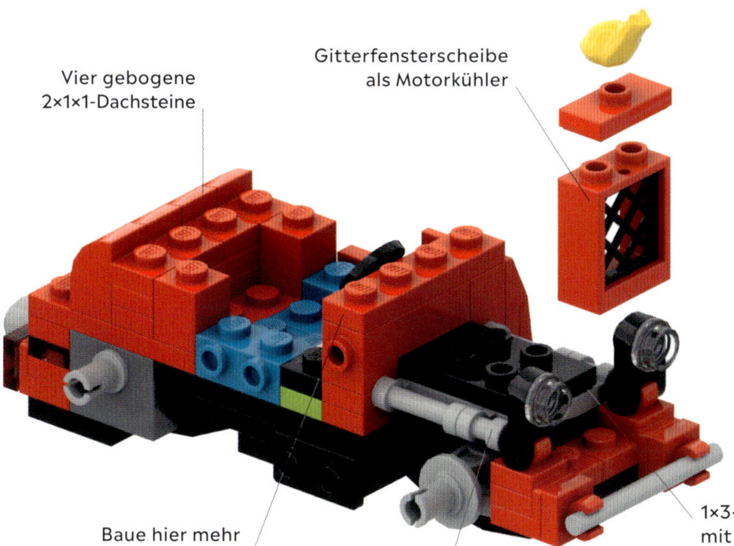

MOTORDETAILS

Das frisierte Auto braucht nun ein paar Details eines freigelegten Frontmotors. Die Kühlrohre sind Griffstangen kleiner Platten, doch nur die Griffe sind zu sehen. Die Technik, interessante Details mit vielen kleinen Elementen anzubauen, nennt man „Greebling“.

GIB GAS!

Baue weitere kleine Motordetails ein, vielleicht sogar Flammen für eine tolle Wirkung! Runde dann das Heck ab und setze die Seitentüren aus gebogenen Dachsteinen an. In den übrigen freien Raum fügst du einen Fahrersitz und Steuerhebel ein.

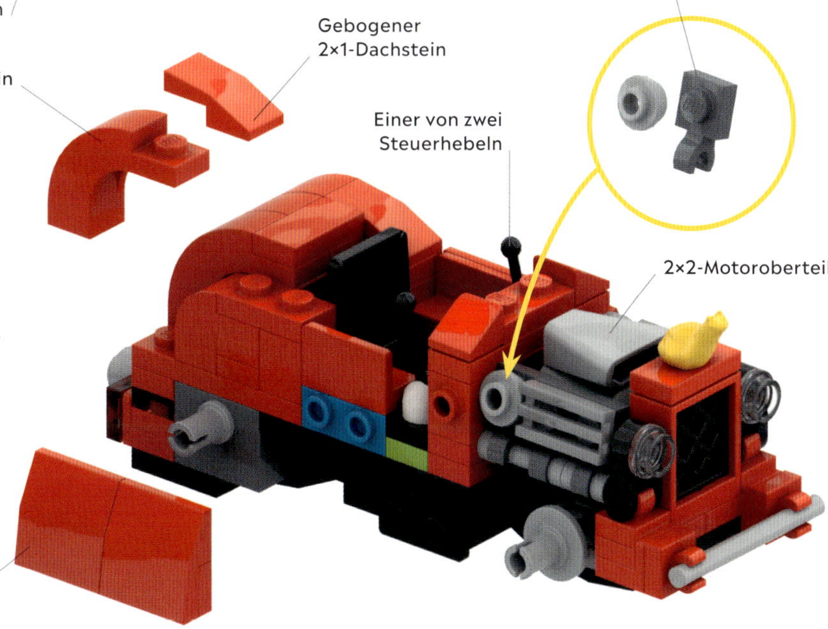

STRASSEN BAUEN

Wenn du keine Lust mehr hast, deine LEGO® Autos über Tische und Teppiche zu schieben, bau doch für sie glatte Straßen! Hier sind einige Bauideen für Straßen sowie einiges interessantes Zubehör auf ihnen und um sie herum wie Gehwege, Radwege und Zebrastreifen.

KACHELSTRASSEN

Baue glatte Kachelstraßen auf Platten auf. Diese Platten können jede Größe haben, da sie vom Kachelstraßenbelag bedeckt werden. Lass aber einige Platten offen, damit du daran Bäume, Pflanzen und anderes Straßenzubehör befestigen kannst.

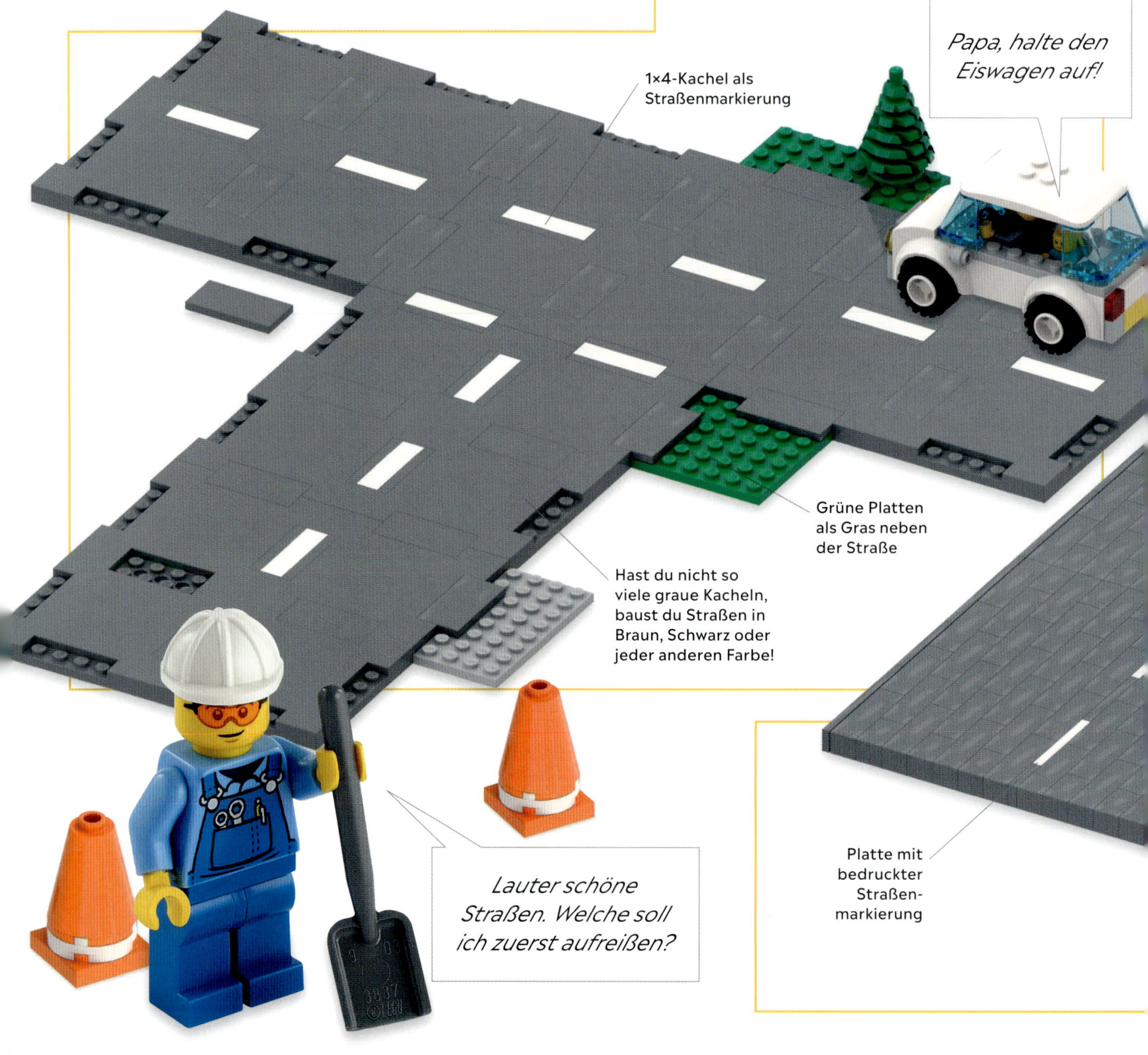

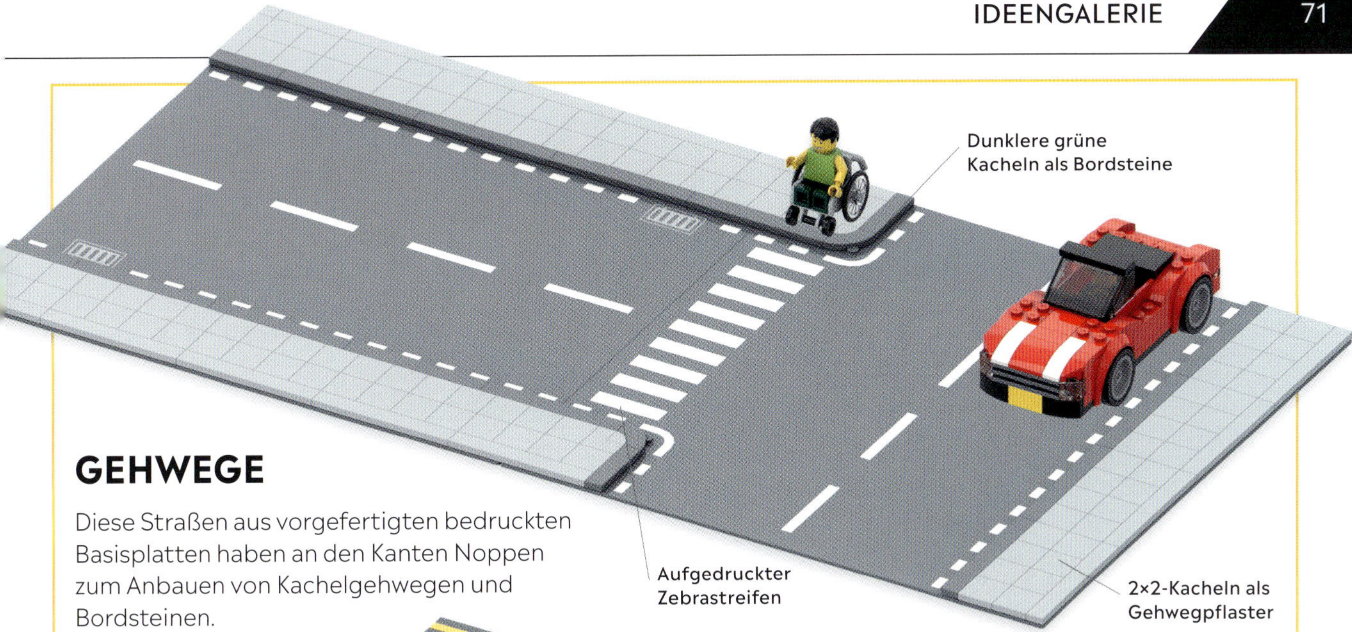

GEHWEGE

Diese Straßen aus vorgefertigten bedruckten Basisplatten haben an den Kanten Noppen zum Anbauen von Kachelgehwegen und Bordsteinen.

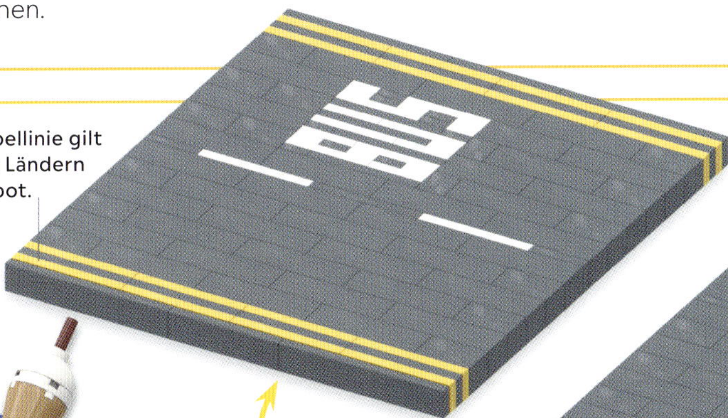

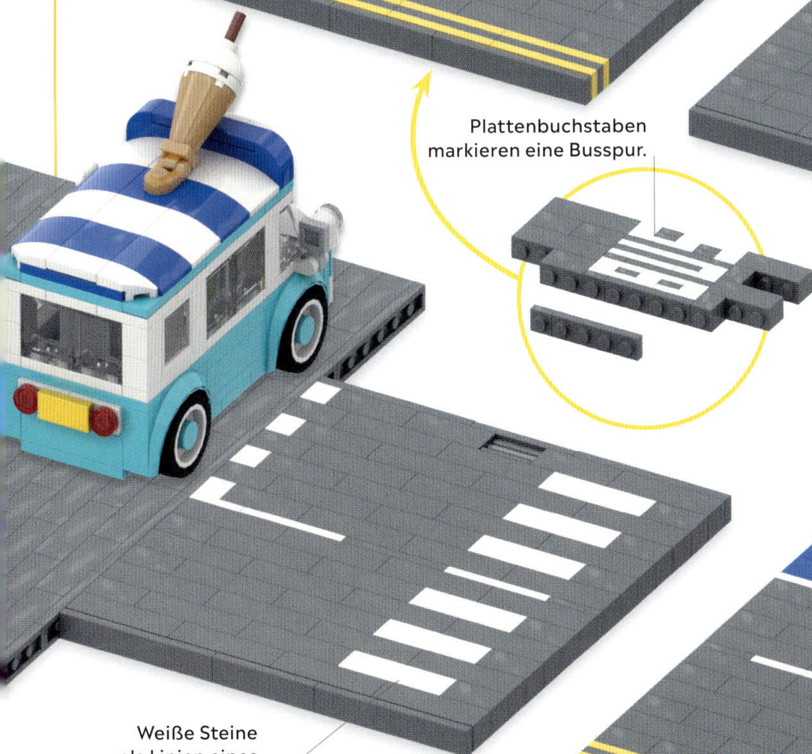

STEINSTRASSEN

Auch Steine ergeben tolle Straßen. Baue sie wie Wände auf und lege sie dann für flache Straßenbeläge auf die Seite. Baue in die Wände Platten als kleine Straßenmarkierungen ein – du kannst sogar Kreuzungen, Radwege und Wörter bauen!

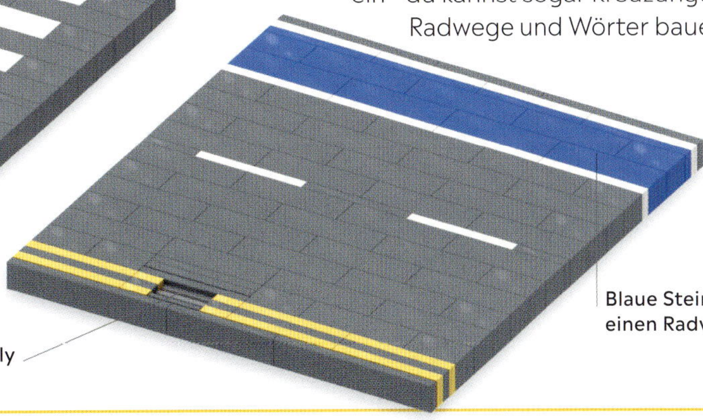

PIRATENAUTO

Potz Blitz! Ist das ein Auto oder ein Schiff? Beides! Ein Pirat lebt meist auf See, doch wenn ein alter Seebär mal eine Landratte wie die meisten von uns sein muss, enthält dieses Piratenauto alles, was er braucht, um sich wohlzufühlen. Es hat ein breites Deck, ein Steuerrad und ein Totenkopfsegel.

RUMPFFAHRGESTELL

Die Basis eines Schiffs ist ein Rumpf, die eines Autos ein Fahrgestell – doch diese Basis hat etwas von beiden! Eine Lage umgekehrter Dachsteine wird auf eine Platte gesteckt, unter der Platten mit Pins sitzen. Auf das Ganze wird ein Bootselement gesetzt.

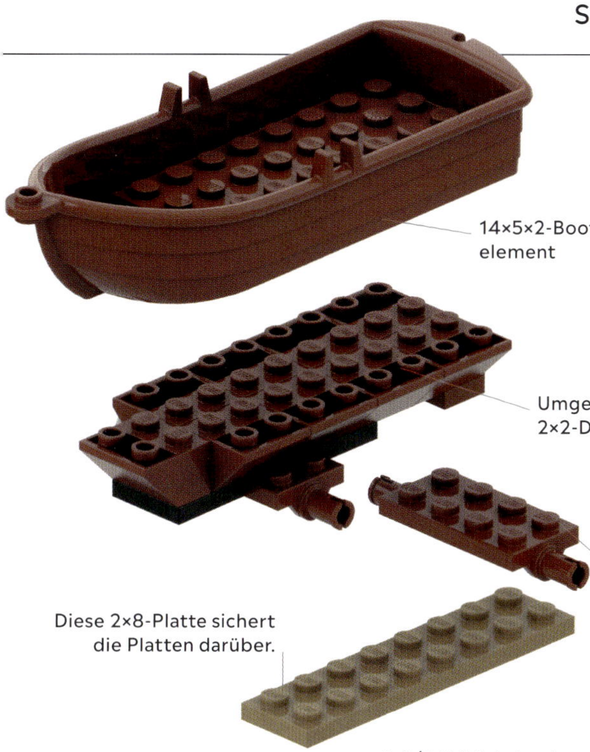

VORSICHT STUFEN!

Nun wird im Bootsrumpf weitergebaut. Abgestufte Steckerplatten und 1×4-Platten bilden die Stufen, die zum Poopdeck hinaufführen. Am Bug befestigst du eine Kachel mit Klemme für die Galionsfigur.

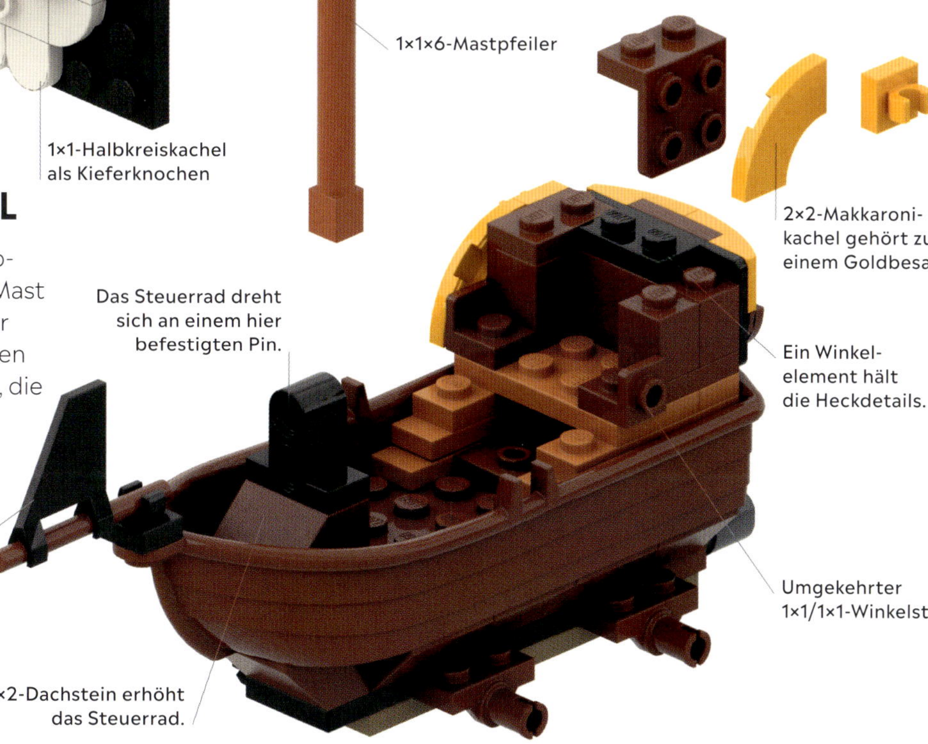

HISSE DAS SEGEL

Nach dem Ausbau des Poopdecks baust du den hohen Mast und das Totenkopfsegel. Der Totenkopf besteht aus kleinen Kacheln und Steckerplatten, die an einer 4×6-Platte sitzen.

GELBES TAXI

Dieses leuchtend gelbe Taxi ist nicht zu übersehen. Winke eins herbei, und es wird dich überall hinbringen, wohin du willst. Gelbe Taxis verbindet man mit New York, doch es gibt sie in vielen anderen Städten auf der Welt.

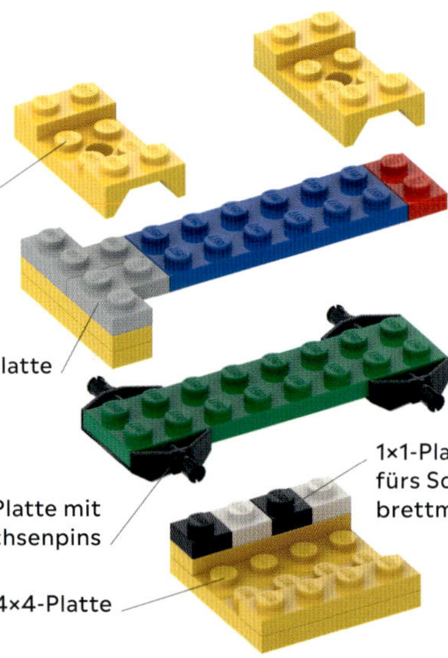

TIEFES FAHRGESTELL

Die Karosserie des gelben Taxis ist breit und bodennah dank zwei zusätzlicher Plattenlagen unter der 2×8-Platte, an der die Räder sitzen. Über dieser Platte liegen weitere Plattenlagen samt zwei 2×4-Kotflügelelementen.

TAXI!

Nun wird das typische Türmuster angebaut. Das Schachbrettmuster besteht aus 1×1-Platten, die oberste Lage aber aus 1×4-Platten. Auch die übrige Karosserie nimmt Form an, samt Front- und Heckstoßstangen und Front-, Heck- und Seitenleuchten.

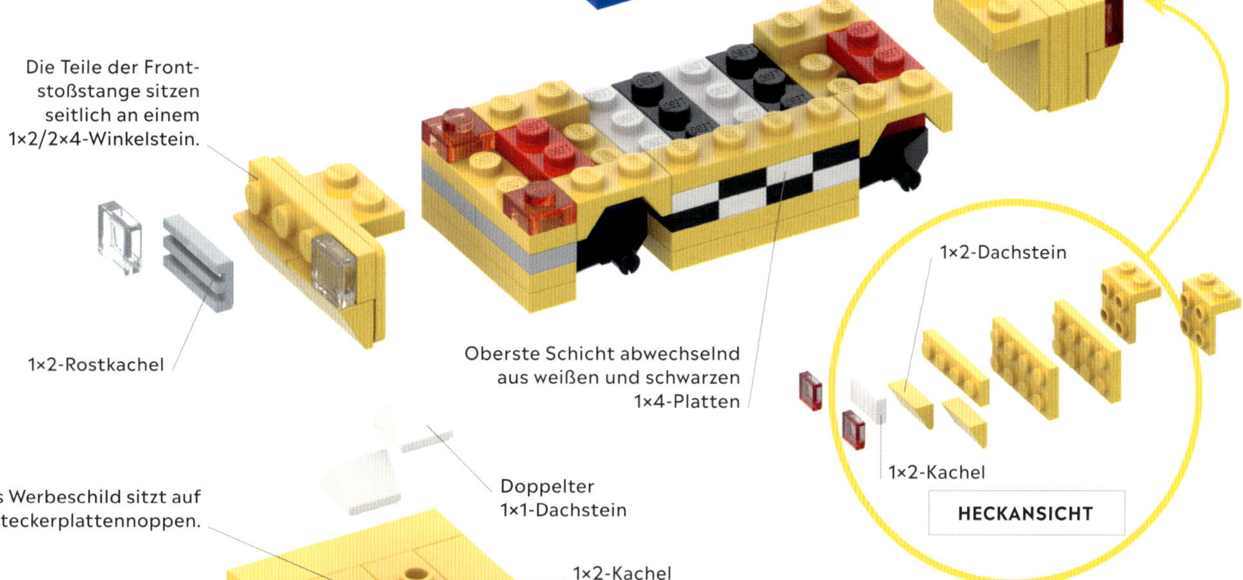

FLACHES DACH

Das Dach des Taxis ist so niedrig und flach wie das ganze Fahrzeug. Es besteht aus Kacheln und Steckerplatten. Sie sitzen auf zwei 2×4-Platten, die die schwarzen Seitenfenster bilden. Das Schild obenauf wirbt für Stadtbesichtigungen und Shows!

WOHIN SOLL'S GEHEN?

Baue noch die Räder an, und das Taxi ist abfahrbereit. Für einen gut besetzten Taxistand könntest du noch mehrere Taxis wie dieses bauen!

STRASSEN-AUSSTATTUNG

Auf oder neben Straßen gibt es viele Objekte, die uns Sicherheit bieten, wenn wir in einem Auto sitzen oder neben der Straße gehen oder arbeiten. Diese Objekte werden oft übersehen, machen aber auch LEGO® Straßen interessanter.

AMPEL

Die Ampel mit roten, gelben und grünen Leuchten aus runden 1×1-Platten steckt in der offenen Noppe einer 2×6-Platte.

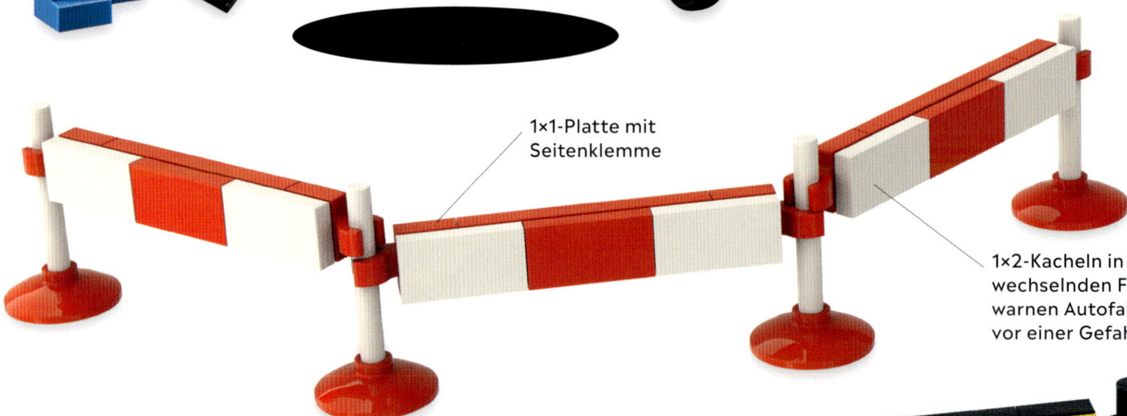

VERKEHRSHINDERNISSE

Straßenbauarbeiten gehören normalerweise – und manchmal ärgerlicherweise! – zum Alltag. Baue diese Absperrungen, die deine Autos am Weiterfahren hindern sollen.

DURCHFAHRT VERBOTEN!

Dieses Verkehrsschild besteht aus einer runden 2×2-Kachel mit offener Noppe. Darin steckt ein T-Element als weißer „Stoppbalken“.

LEITKEGEL

Baue viele kleine Verkehrshütchen, die anzeigen, wo deine Autos fahren dürfen und wo nicht! Dazu dienen zwei unterschiedlich große LEGO® Kegelelemente.

TEMPO-SCHWELLE

Diese Schwellen auf der Straße zwingen Autos in verkehrsberuhigten Zonen, langsamer zu fahren. Sie lassen sich leicht aus gebogenen Steinen bauen.

LEBKUCHEN-AUTO

Deine Minifiguren müssen Schleckermäulchen sein, um in diesem Cabrio zu fahren. Es hat eine Lebkuchenkarosserie, mit Bonbons gesäumte Sitze und einen Eiskugeln spuckenden Auspuff! Sie müssen nie wieder Naschereien mitnehmen.

Lindgrüne gebogene 1×2×1-Dachsteine als Sitze

Eiskugelauspuff

1×2-Dachsteine bilden ein zuckergussweißes Armaturenbrett.

1×2-Kachel als Nummernschild

Runde 1×1-Kachel als Bonbontürgriff

Dieses Auto ist so süß!

ZUTATEN

Die Basis des Lebkuchenautos ist aus Steinen und Platten in beliebigen Farben gebaut, da sie am fertigen Modell nicht zu sehen ist. Auf einer 2×10-Basisplatte sitzen quer weitere Platten, um für mehr Breite zu sorgen. Winkelelemente an beiden Enden halten die Front- und Heckstoßstangen.

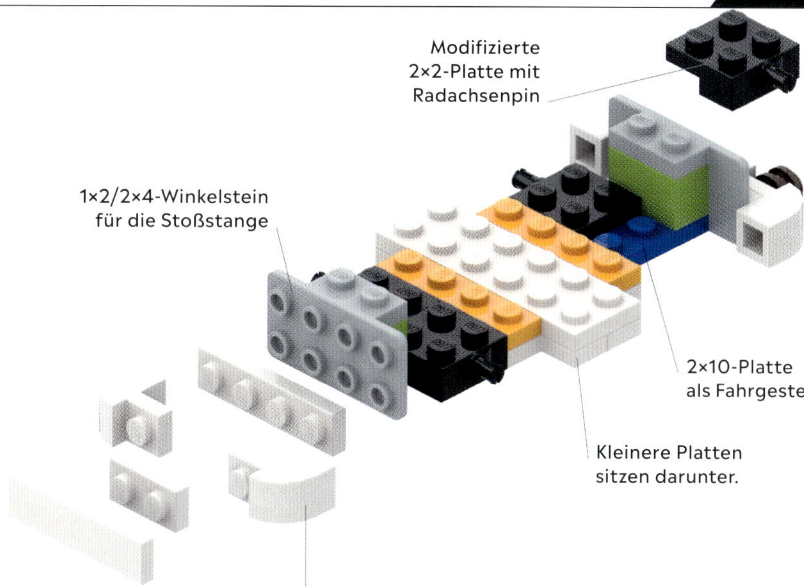

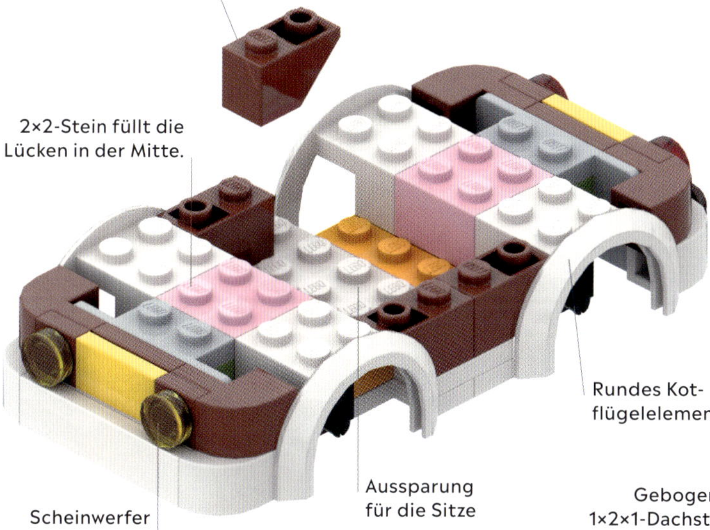

DEN TEIG FORMEN

Nun bekommt das Auto runde zuckergussfarbene Kotflügel über den Rädern und Lebkuchenseitentüren aus umgekehrten Dachsteinen. Auch die Front- und Heckstoßstangen werden angebracht, samt Scheinwerfern und Nummernschild.

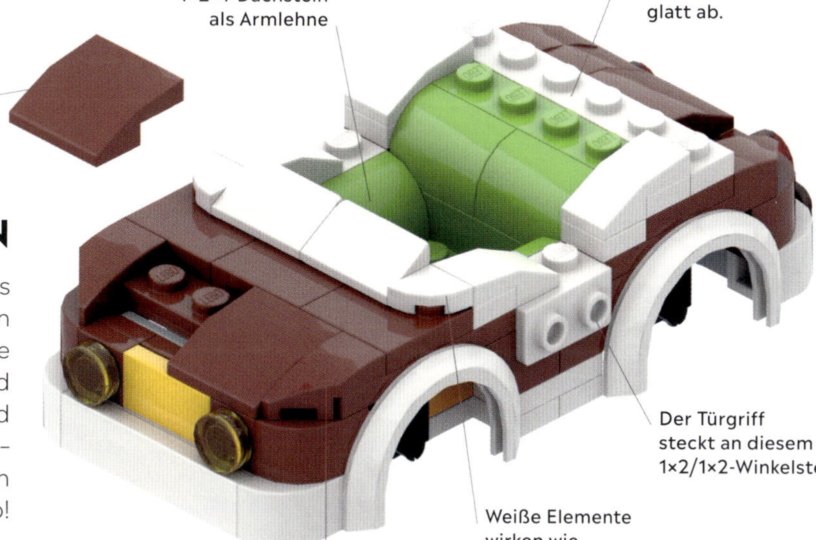

FRISCH GEBACKEN

Baue die Motorhaube des Lebkuchenautos aus braunen Platten und Kacheln und runde sie mit gebogenen Dachsteinen und Keilen ab. Dann noch die Räder und die Bonbondetails hinzufügen – schon bekommen deine Minifiguren Lust auf dieses Lebkuchenauto!

WOHNMOBIL

Im Wohnmobil können deine Minifiguren zu Abenteuern aufbrechen. Dieses kompakte Zuhause auf Rädern hat eingebaute Stockbetten, einen Wohnbereich und eine kleine Küche. Dank dem abnehmbaren Dach und einer an Scharnieren zu öffnenden Seite kannst du leicht darin spielen.

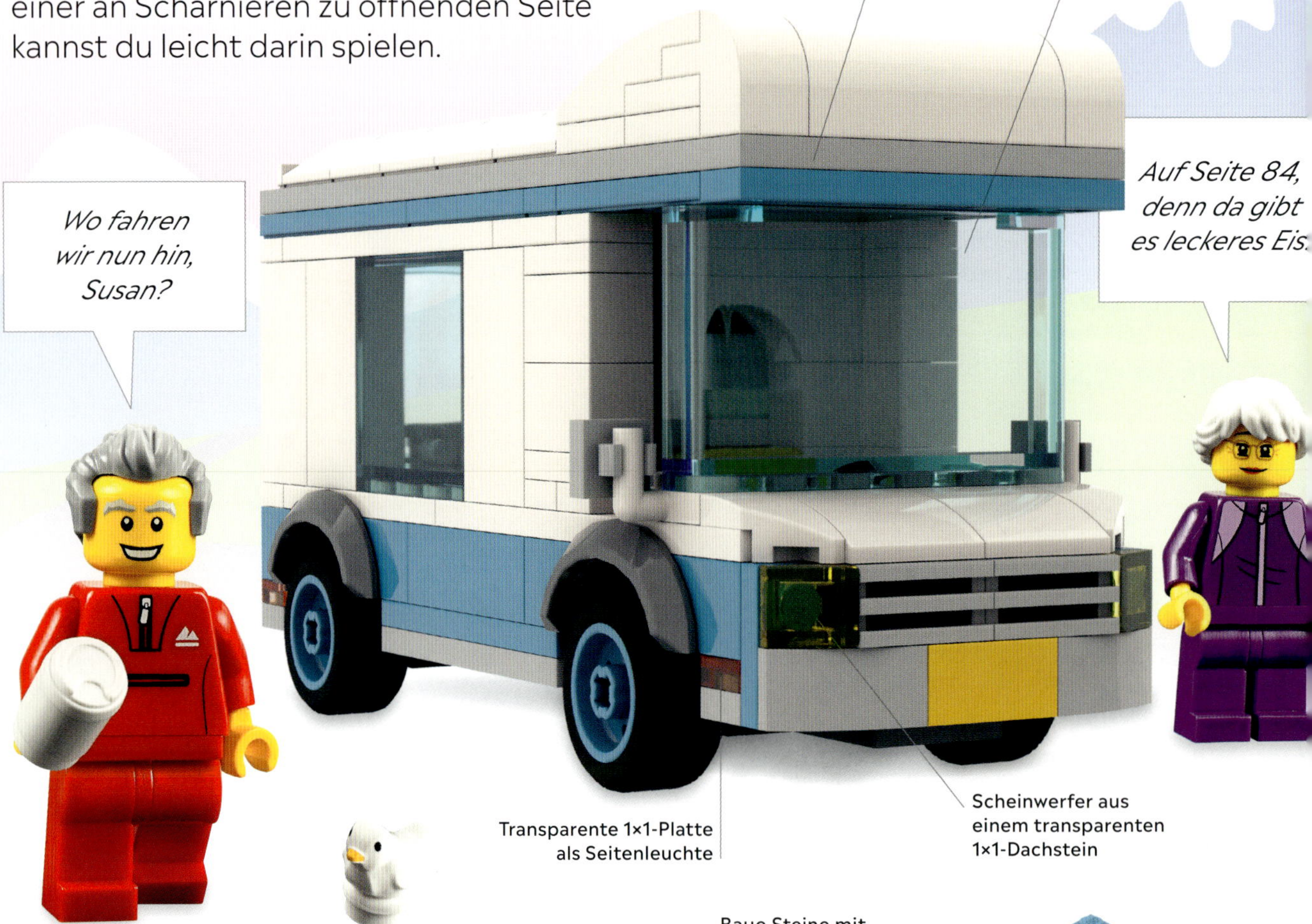

GANZ WIE ZU HAUSE

Für die Fundamente dieses Wohnmobils benötigst du zwei 4×8-Platten. Befestige darauf Kotflügel und darunter Radhalterplatten, die eine weitere Platte darunter sichert. Dann baust du mit weiteren Platten und Steinen die Seiten und Stoßstangen des Wohnmobils auf.

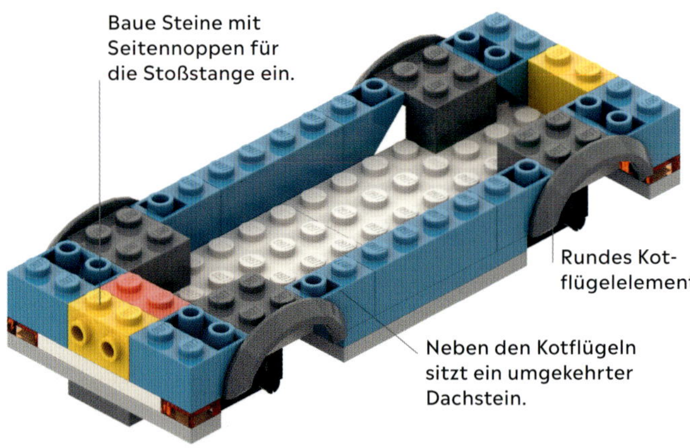

KÜCHENAUSSTATTUNG

Sobald die Motorhaube und die Frontstoßstange draußen am Wohnmobil angebaut sind, überlegst du, was deine Minifiguren für ihre Abenteuer drinnen benötigen könnten. Die Küche enthält alles, sogar eine Spüle.

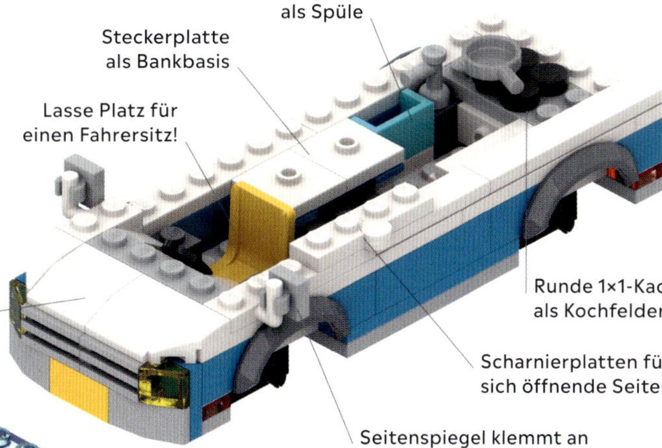

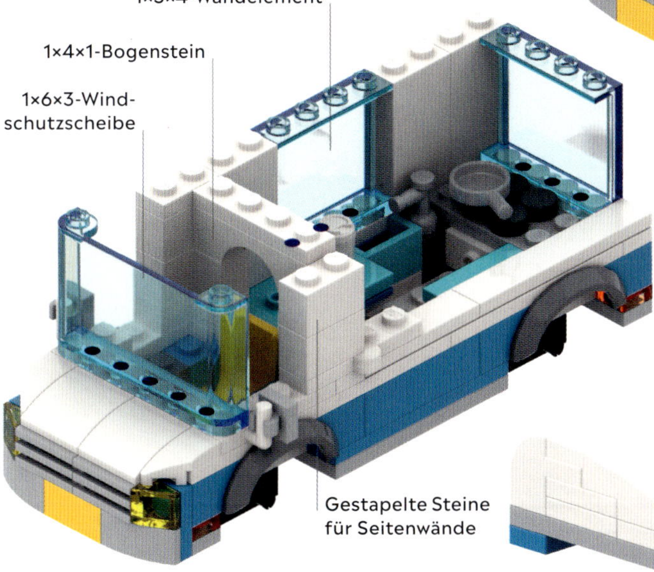

FENSTER MIT AUSSICHT

Baue eine extrabreite Windschutzscheibe und Fenster ein, damit deine Minifiguren beim Fahren die vorbeiziehende Landschaft genießen können! Ein Türbogen trennt die Fahrerkabine vom Wohnbereich ab.

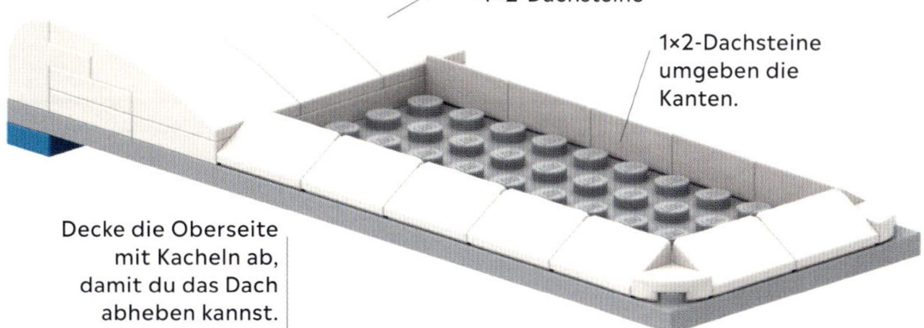

STOCKBETTEN

Verschaffe deinen Wohnmobilfahrgästen eine Schlafgelegenheit, indem du in die Seitentür des Wohnmobils Stockbetten einbaust. Diese hier sind aus teilweise in die Wand eingebauten Platten.

HECKANSICHT

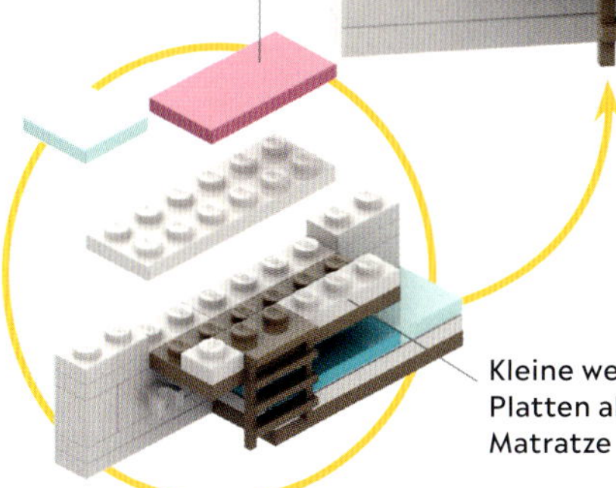

IN DER STADT

An vielen vertrauten Dingen sausen deine LEGO® Autos auf den Straßen der Stadt vorbei. Daher macht es Spaß, praktische Orte wie Bushaltestellen und Zeitungskioske, blühende Blumenkästen sowie Bänke und Schranken zu bauen und mit ihnen zu spielen.

HALTESTELLE

Das Schild an dieser Haltestelle verrät Minifiguren, welche Busse hier halten. Wenn sie einen verpasst haben, können sie in einem großen Unterstand auf einer Bank warten.

BLUMENKÄSTEN

Biete deinen LEGO® Autofahrern einen erfreulichen Anblick und baue bunte Blumenkästen auf 4×6-Platten auf. Um die Wände herum sitzen Holzplanken aus Kacheln, die an Steinen mit Seitennoppen befestigt werden.

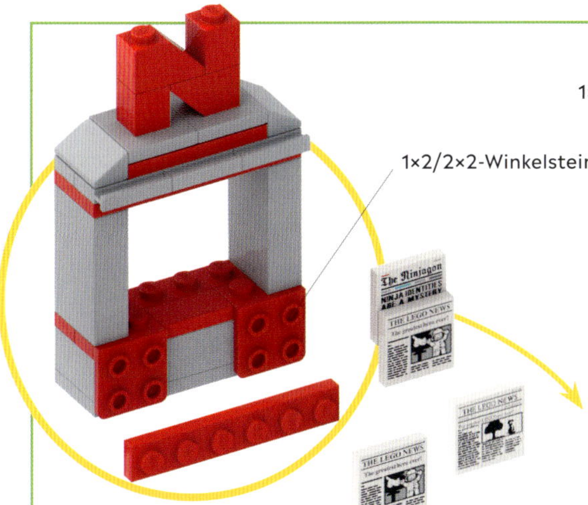

ZEITUNGSKIOSK

Dieser Stand bringt eiligen Pendlern die Morgennachrichten. Er hat zwei Regale voller Zeitungen und eine Ausgabetheke. Das riesige „N“-Schild auf dem Dach ist so unübersehbar wie die Schlagzeilen.

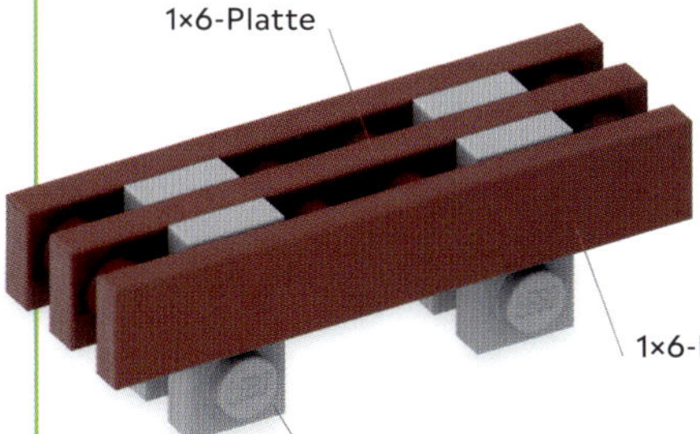

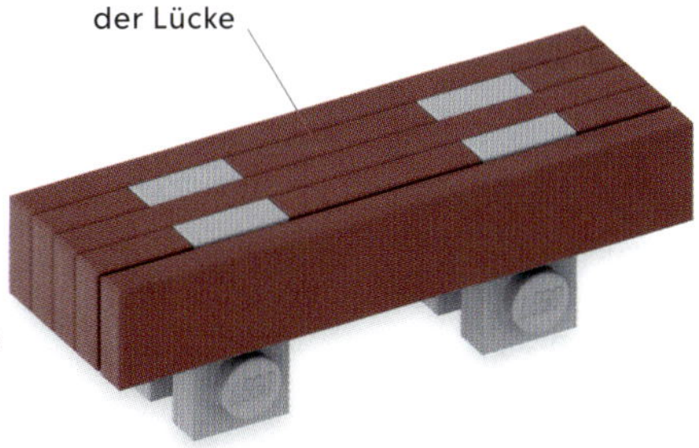

BÄNKE

Diese hübschen kleinen Bänke werden seitwärts gebaut. Sie bestehen aus langen und kurzen Platten. Bei der zweiten sitzen kleinere Platten in den Lücken und machen die Bank stabiler.

SCHRANKE

Diese funktionierende Schranke hält Autos ab, irgendwo hinein- oder hinauszufahren. Sie hebt sich dank einer LEGO® Technic Pinverbindung an einem Ende. Eine Schwelle sorgt dafür, dass Autos langsamer fahren.

EISWAGEN

Was ist denn das für eine Melodie? Der Eiswagen kommt! Das fröhliche Bimmeln dieses Fahrzeugs bereitet Kindern wie Erwachsenen Freude an einem warmen Sommertag. Als lustiger und bunter Laden auf Rädern fährt der Eiswagen durch Wohnstraßen, und der Eismann serviert köstliche Eiskugeln durch die Durchreiche.

BREITE LADEFLÄCHE

Der Eiswagen benötigt innen Platz für Kühltruhen und Eismaschinen, also muss sein Fahrgestell sehr breit sein. Die unterste Lage ist nur eine schmale 4×12-Platte, aber weitere Platten darauf verbreitern sie. Vorn lassen sich die Stoßstangenteile seitwärts an einem Stein mit Seitennoppen befestigen.

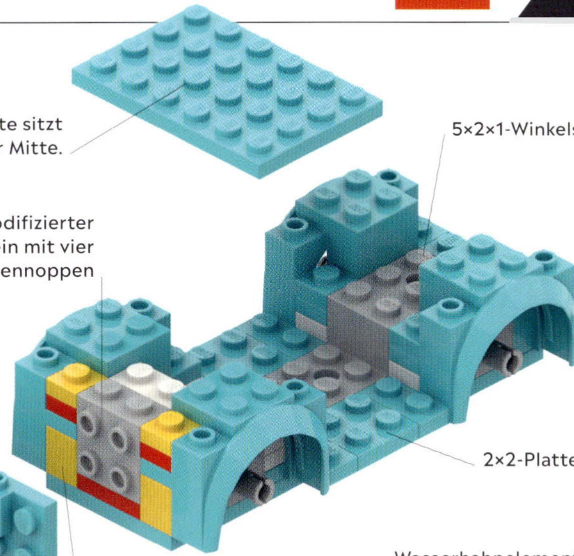

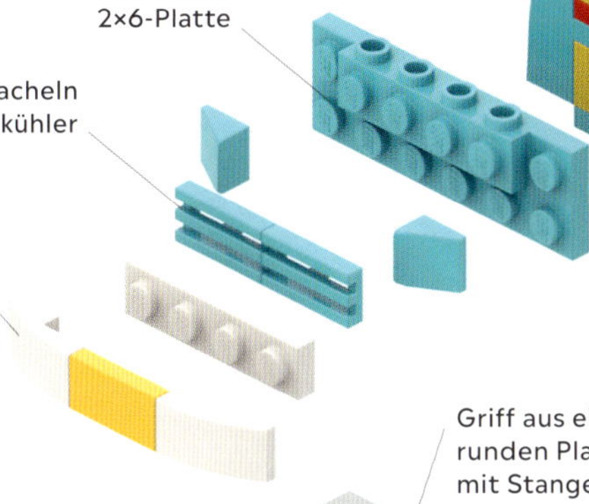

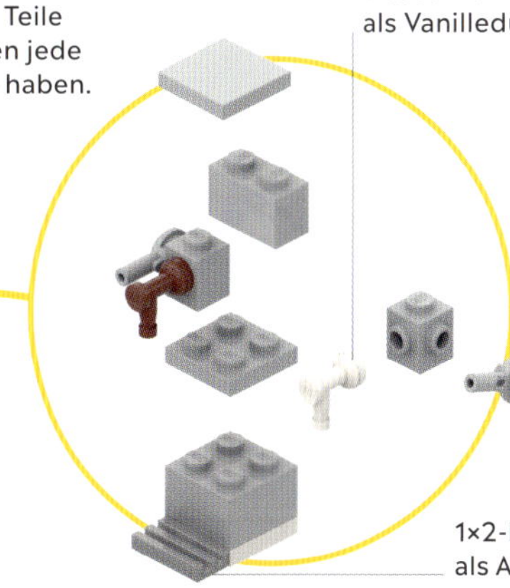

EISMASCHINE

Nach dem Aufbau der niedrigen Seitenteile des Eiswagens baust du einige Details im Inneren wie eine Softeismaschine für Schokolade- und Vanilleeis sowie Bonbons auf einer Theke. Lasse Platz für einen Fahrersitz und ein Lenkrad.

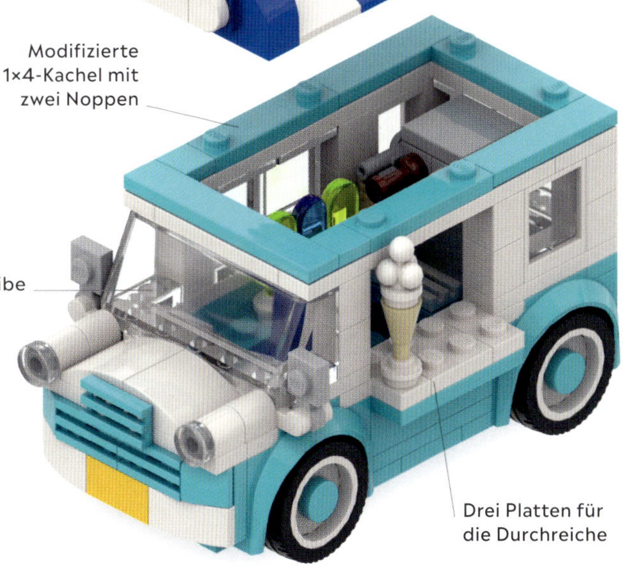

ABNEHMBARES DACH

Der Eiswagen hat eine breite Windschutzscheibe, durch die der Fahrer hungrige Kunden erspäht! Dazu gibt es eine große Durchreiche für das Eis. Zuletzt baust du das gestreifte Dach, das sich von den sechs Noppen oben auf dem Wagen leicht abheben lässt.

KÖNIGINAUTO

Dieses Auto kann den Verkehr wirklich aufhalten! Es bringt die Königin zu ihren wichtigen Terminen. Eine blitzende Goldkrone thront auf der schwarzen Karosserie, und für die Minifiguren-Königin gibt es im Inneren sogar einen roten Teppich.

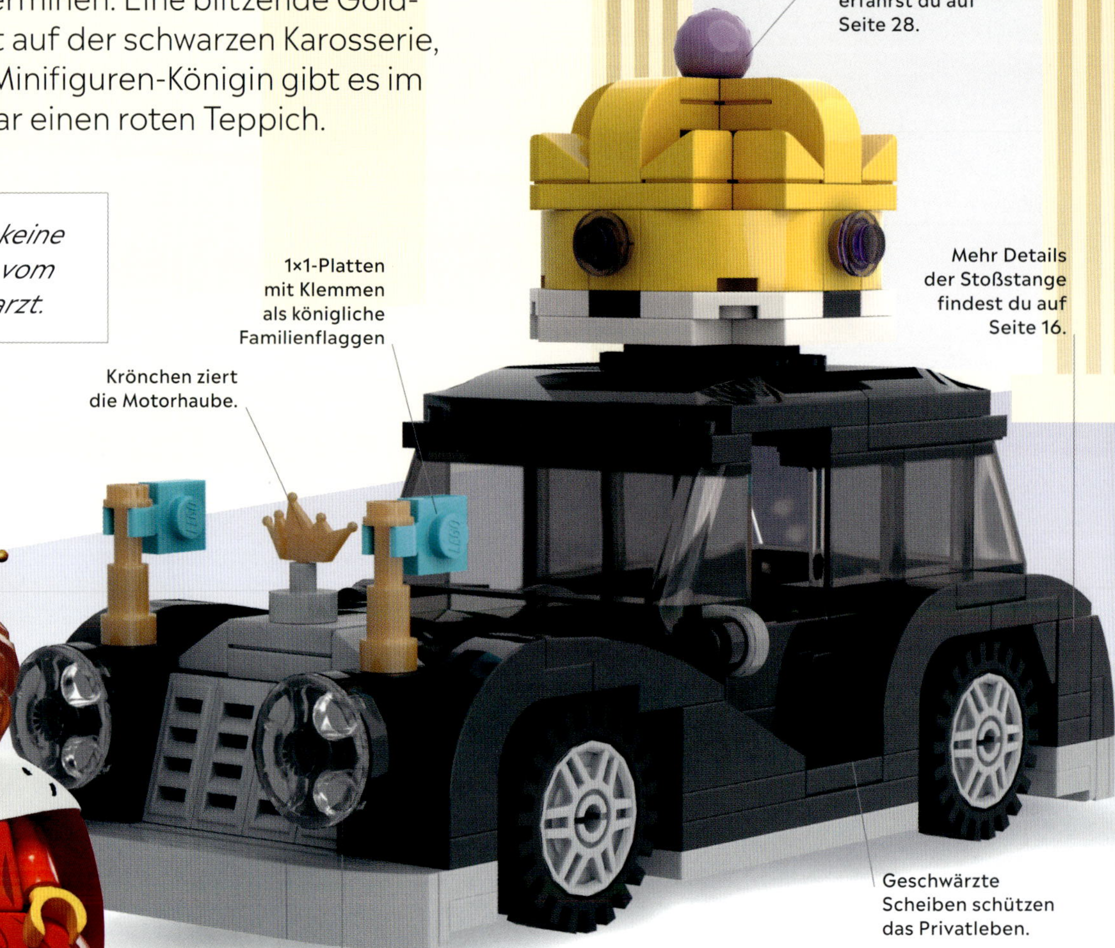

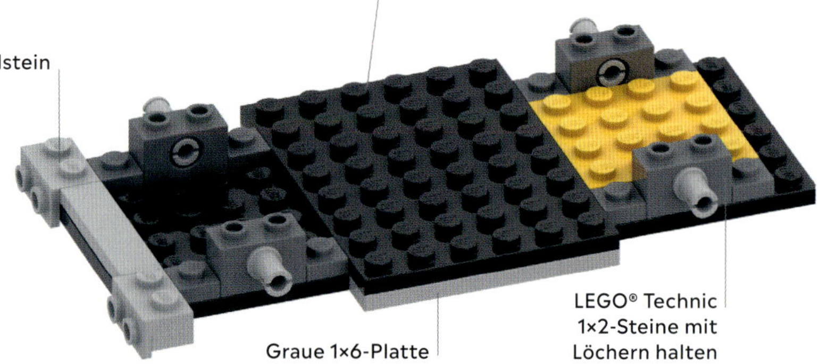

KÖNIGLICH GERÄUMIG

Die lange, breite Basis dieser Karosse bietet den königlichen Fahrgästen den Luxus eines geräumigen Inneren. Sie wird auf einer 6×16-Platte aufgebaut, in deren Mitte eine 6×8-Platte sitzt.

ELEGANTE KURVEN

Im Inneren sind die Sitze und der rote Teppich eingebaut. Mit seinen glänzenden rundlichen Seiten und den Zierleisten aus „Silber“ hat dieses Auto Topqualität.

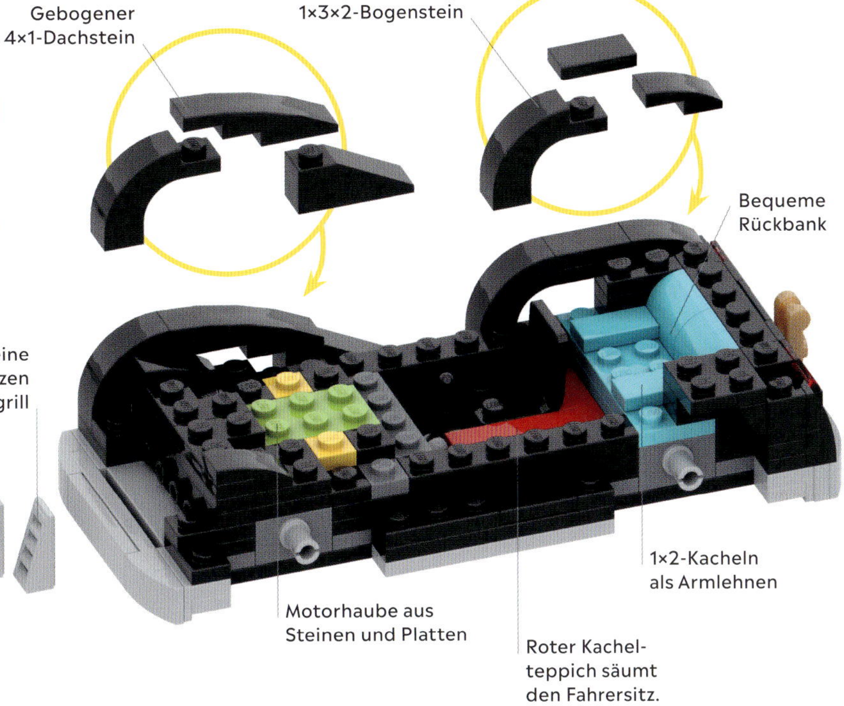

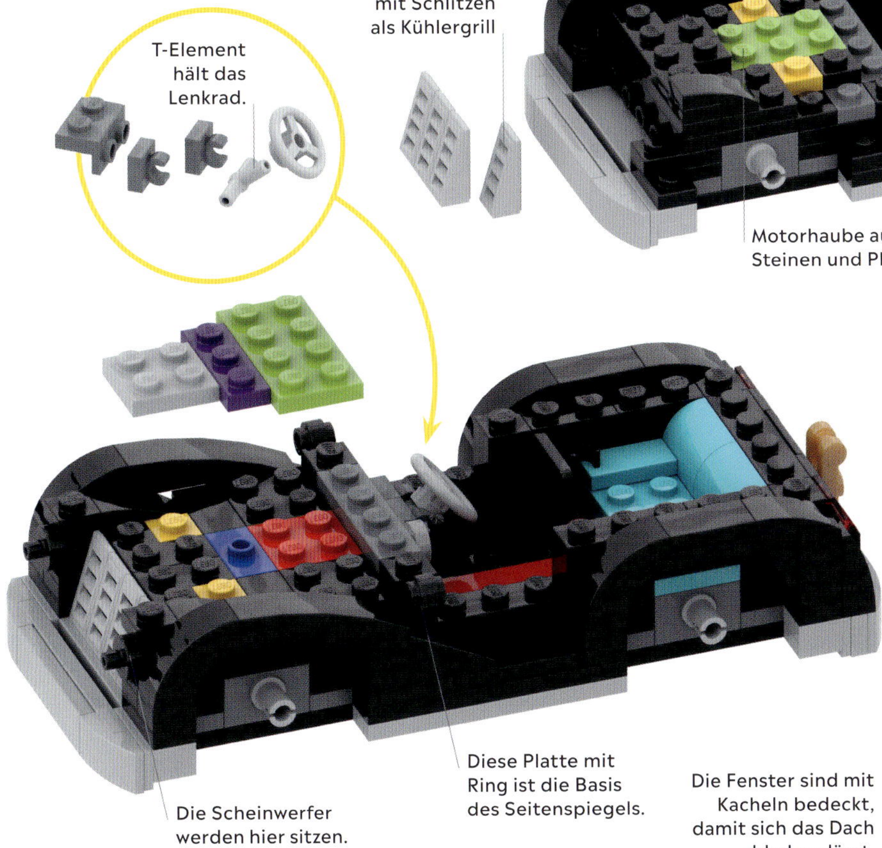

NOBLE LENKUNG

Statt auf einer Lenkersäule sitzt das Lenkrad dieses Autos auf einem Armaturenbrett aus einem Winkelstein und zwei Platten mit Klemmen.

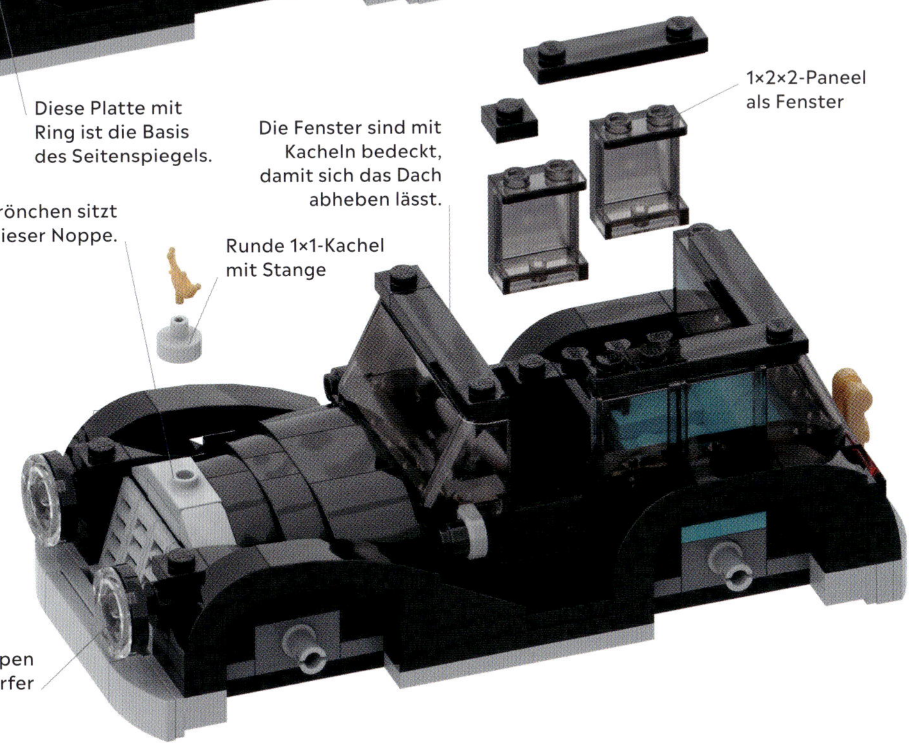

KÖNIGLICHER SCHUTZ

Nun hat das königliche Auto eine schräge glatte Motorhaube aus gebogenen Dachsteinen. Die Windschutzscheibe ist aus Rauchglas, die Fenster sind abgedunkelt, damit die Königin unbeobachtet herumfahren kann.

AN DER RENNSTRECKE

Eine Rennstrecke ist mehr als ein Kreis, um den deine schnellsten LEGO® Autos rasen. Einige dieser kleinen Modelle verwandeln eine normale Straße in eine tolle Rennstrecke. Auf die Plätze, fertig ... LOS!

PODEST

Hier oben möchten alle Rennfahrer nach dem Rennen stehen! Die drei Plattformen dieses Podests bestehen aus Platten und gebogenen Dachsteinen.

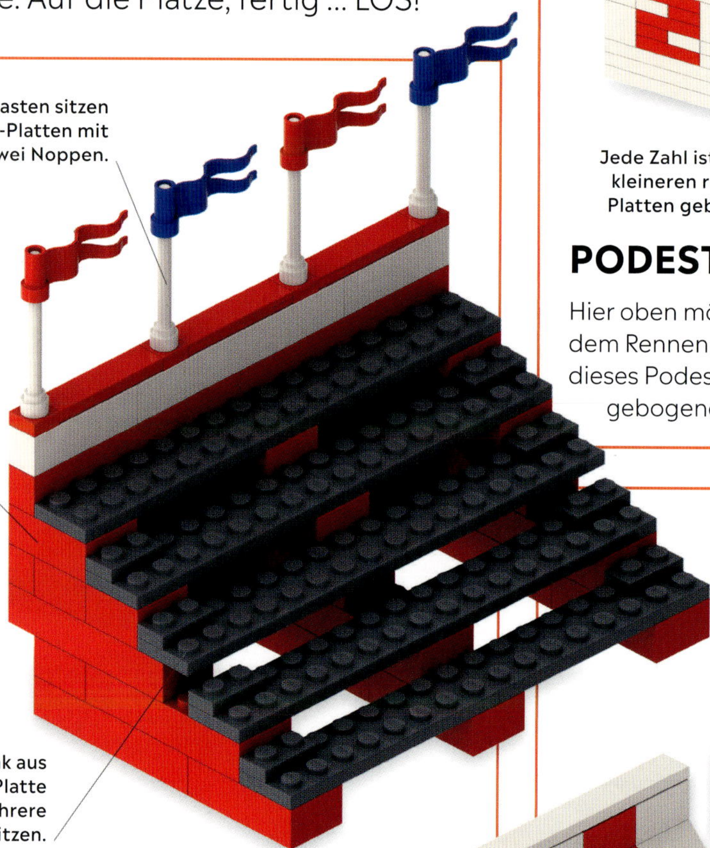

HAUPTTRIBÜNE

Fans von Autorennen können zusammen auf dieser Tribüne das temporeiche Geschehen auf der Rennstrecke verfolgen. Jede Reihe von Sitzen besteht aus zwei 2×8-Platten, die auf drei Lagen von Steinen ruhen.

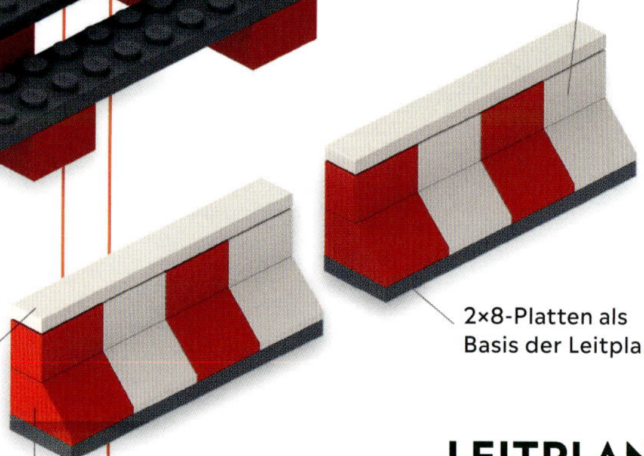

LEITPLANKE

Rennautos sind sehr schnell und können manchmal zusammenstoßen. Diese Schutzplanken schützen die Zuschauer davor. Sie bestehen aus normalen Steinen und Dachsteinen mit Kacheln obenauf.

ZIELLINIE

Eine Rennstrecke benötigt auch eine Ziellinie. Diese hier hat ein Schachbrettmuster aus schwarzen und weißen 1×1-Kacheln und ein geflügeltes Rad als Verzierung.

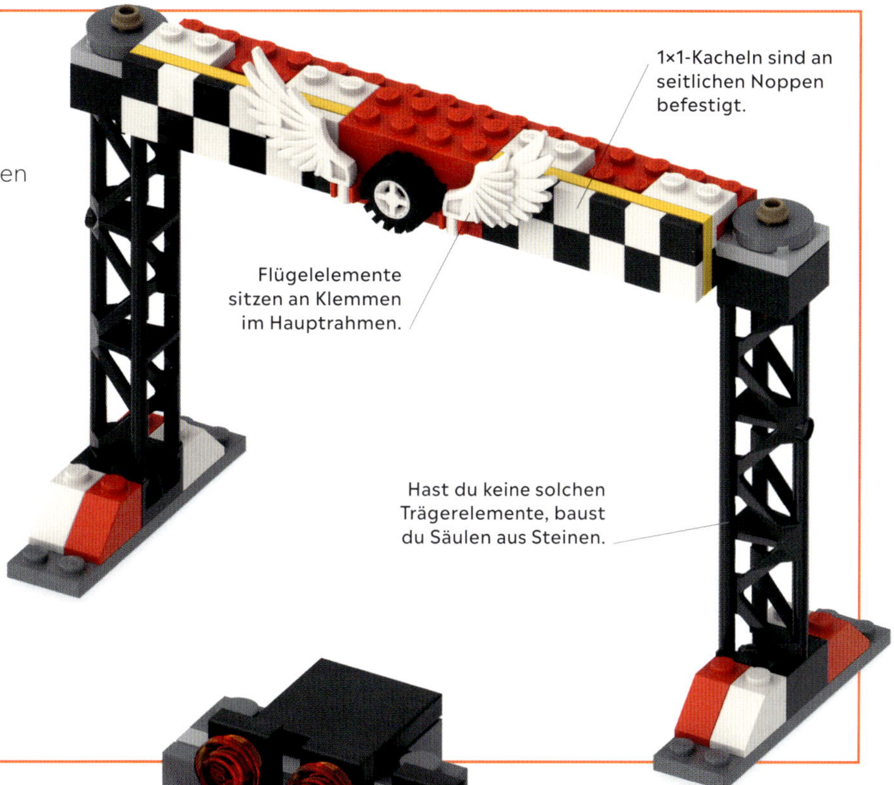

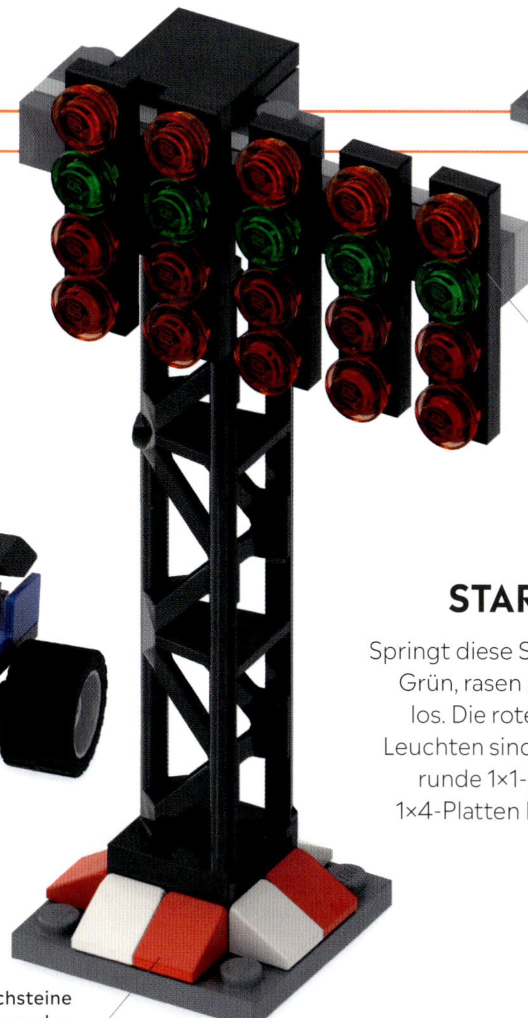

STARTAMPEL

Springt diese Startampel auf Grün, rasen die Rennautos los. Die roten und grünen Leuchten sind transparente runde 1×1-Platten, die an 1×4-Platten befestigt sind.

MONSTER-TRUCK

Kleinere Autos ducken sich vor diesem Ungetüm – es kann sie in Sekunden erdrücken! Ein Monstertruck ist ein normaler Pick-up oder ein Auto, das umgebaut wurde und nun Riesenräder und furchterregende Merkmale hat wie einen freiliegenden Motor, starke Scheinwerfer, Stoßfänger und sogar Zähne.

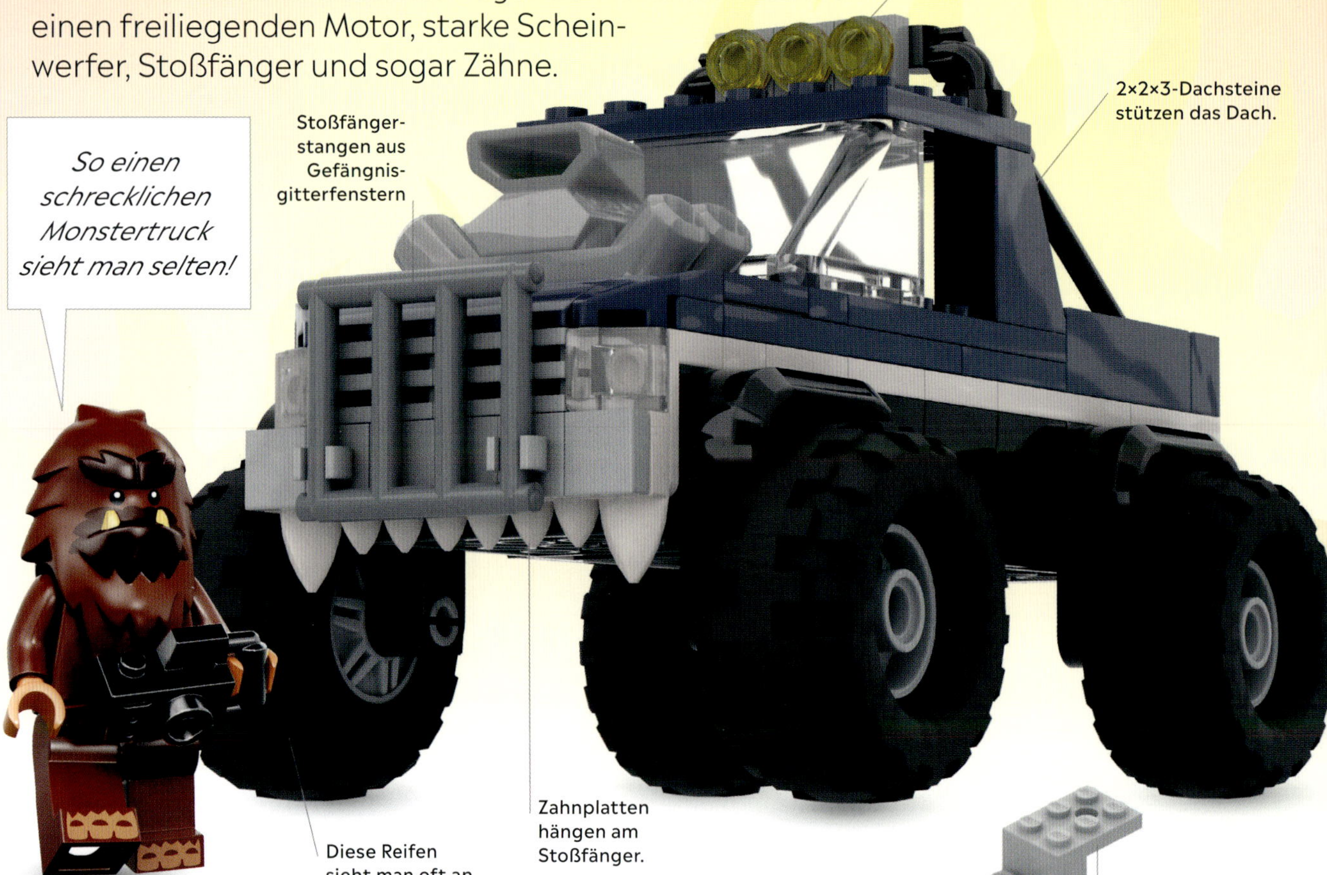

MONSTERBASIS

Dieses Fahrgestell ist um zwei LEGO® Technic Steine mit Löchern herumgebaut, die auf drei 4×4-Platten sitzen. An den Steinen klemmen breite gebogene Kotflügelelemente. Steine mit Pinlöchern und große Winkelelemente sitzen im Raum zwischen den längeren Steinen mit Löchern.

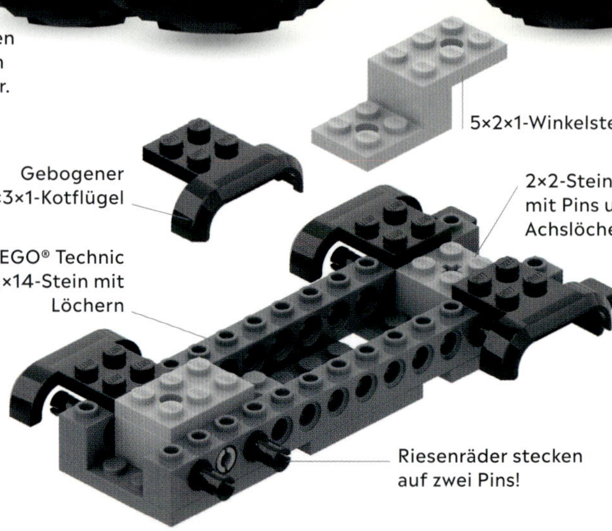

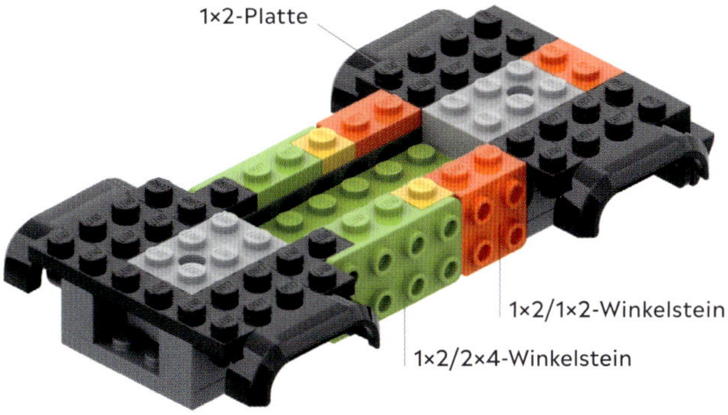

UNTER DER KAROSSERIE

Baue Platten in verschiedenen Größen auf die Fahrgestellbasis und an die Außenränder Elemente mit Seitennoppen. An diese Seitennoppen werden in der nächsten Bauphase die glatteren Karosserieteile angesetzt.

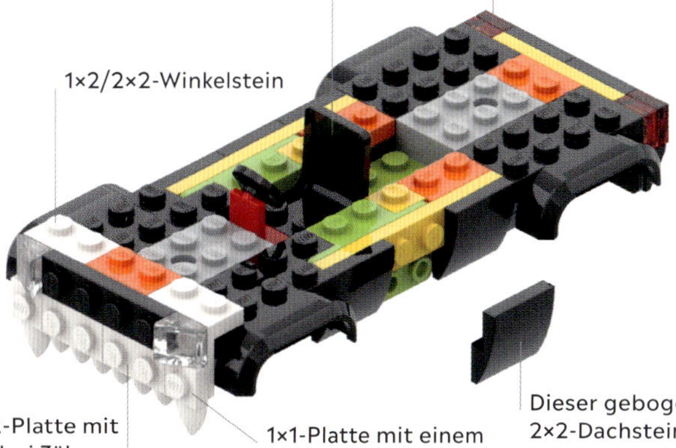

SCHRECKLICHE ZÄHNE

Wie Monster sollten auch Monstertrucks spitze Zähne haben! Diese Zähne werden vor den vorderen Stoßfängerdetails befestigt. Sie sitzen an Winkelelementen mit Seitennoppen.

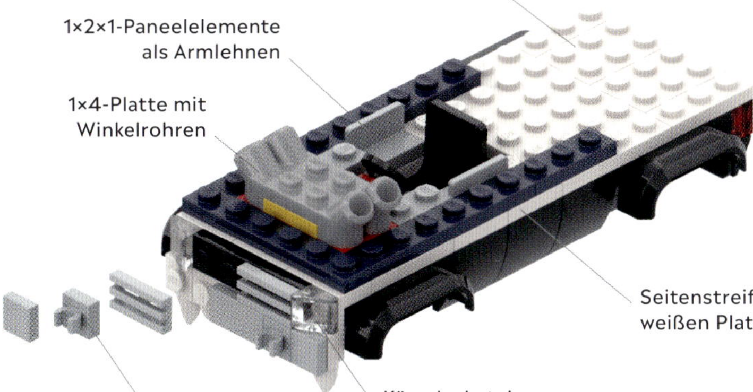

RIESENMOTOR

Sollten die Zähne des Monstertrucks andere Autofahrer nicht erschrecken, dann tut es sein freigelegter Motor! Er besteht aus Platten mit Winkelrohren und einem großen Lufteinlass, der dem Motor Luft zuführt.

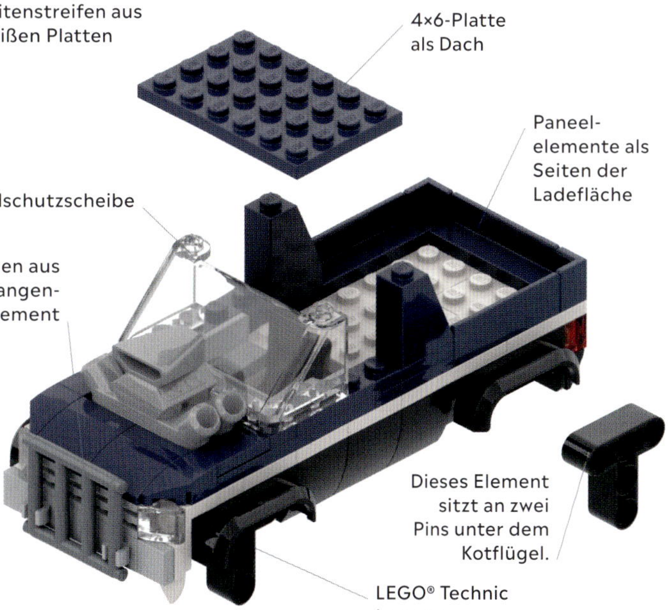

GESCHLOSSENE KABINE

Der mutige Minifigurenfahrer des Monstertrucks muss von einem starken Dach geschützt werden. Bedecke die Fahrerkabine mit einer 4×6-Platte. Befestige dann unter den Kotflügeln LEGO Technic Lastarme – sie werden die donnernden Räder tragen.

IN DER WERKSTATT

Sogar LEGO® Autos müssen regelmäßig gewartet werden! Baue für sie eine Werkstatt mit allen möglichen Werkzeugen und Geräten, damit deine Autos schnell repariert und wieder fahrbereit sind.

WERKZEUGKISTE

Die Schubfächer dieser Kiste auf Rädern sind voller nützlicher Dinge. Auf den oberen Noppen kannst du Motoröl, weitere Werkzeuge oder Getränke befestigen.

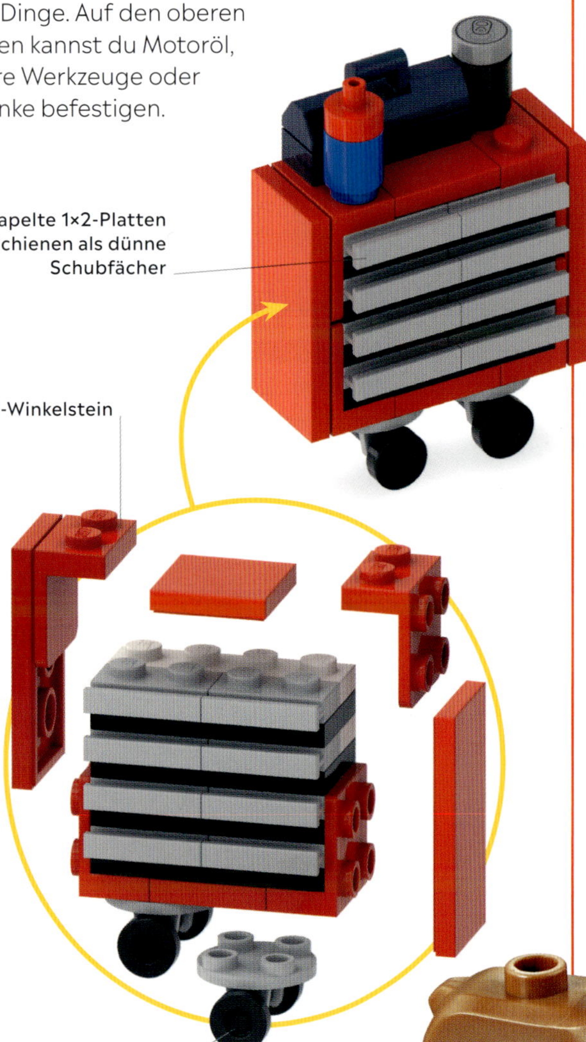

Gestapelte 1×2-Platten mit Schienen als dünne Schubfächer

1×2/2×2-Winkelstein

Dünne 2×2-Platte mit Skateboardrädern

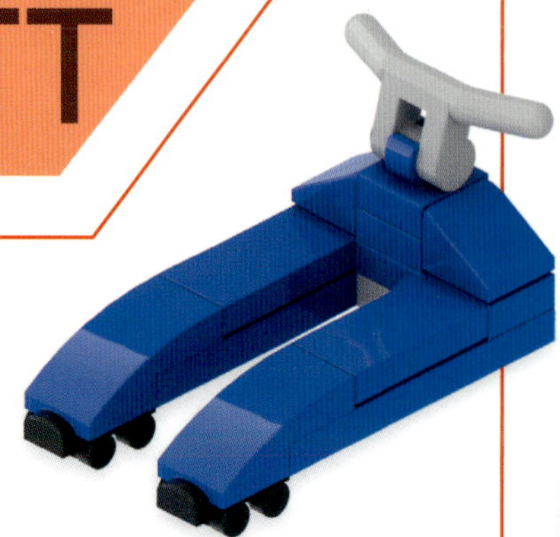

HUBWAGEN

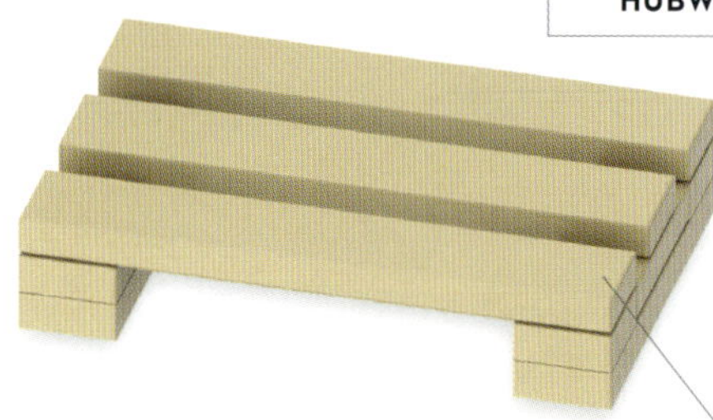

PALETTE

1×6-Kachel als Latte

2×4-Kachel für das Rollbrett

ROLLBRETT

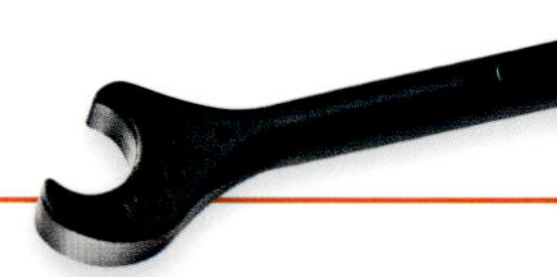

WERKBANK

Diese gut ausgestattete Werkbank hat eine harte Auflage fürs Sägen, Hämmern und Bohren sowie viele Klemmen für Werkzeuge und einen Schraubstock zum Einspannen.

Vergiss nicht das Wichtigste – einen Teekessel!

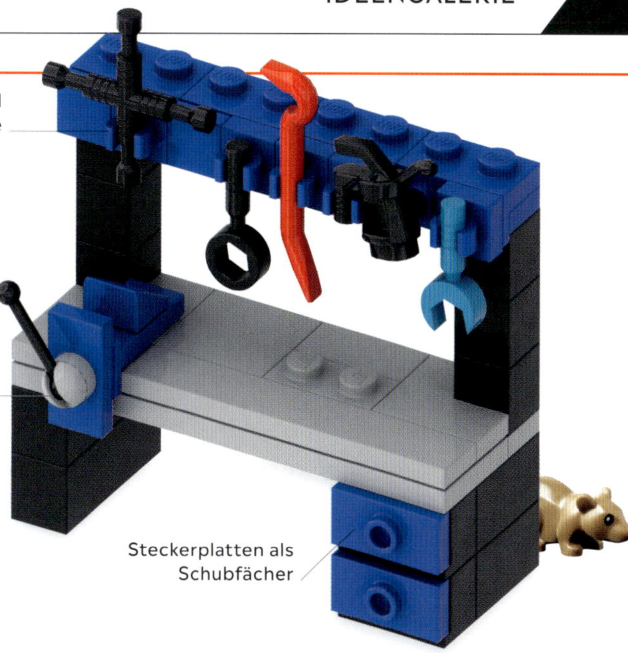

1×1-Kachel mit Klemme

Hebel öffnet und schließt den Schraubstock.

Steckerplatten als Schubfächer

KLEINE WERKZEUGE

Denke an all die Dinge, die es in einer Werkstatt gibt. Hier einige Ideen für kleinere mechanische Werkzeuge und Geräte zum Reparieren von Autos.

Wie du dieses frisierte Auto baust, erfährst du auf Seite 68.

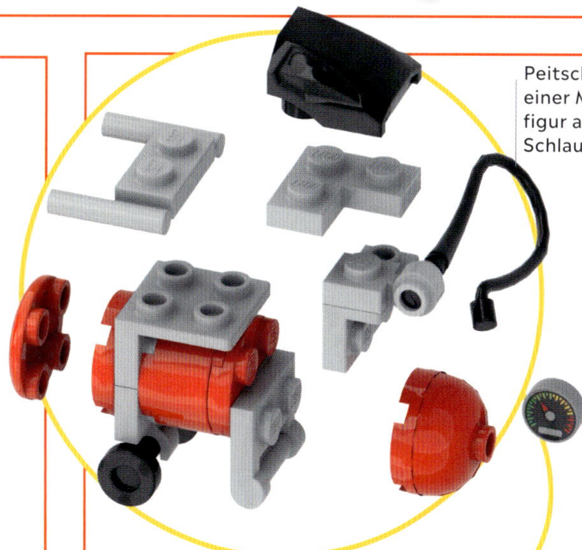

Peitsche einer Minifigur als Schlauch

1×2-Platte mit tiefen Griffen

Kleine Räder sitzen an Klemmen.

Diese 1×2-Platte mit Stangengriff dreht sich an einer Klemme.

WAGENHEBER

LUFTKOMPRESSOR

Der Tank dieses Geräts enthält hoch verdichtete Luft. Mit seinem Schlauch werden Autoreifen aufgepumpt.

STRETCHLIMO

Bringt mir bitte jemand eine Limo in die Limo?

Diese lange Limousine mit Chauffeur ist eine Party auf Rädern! Im luxuriösen Inneren gibt es ein protziges Sofa, eine Karaokemaschine und sogar einen Whirlpool am Heck. Fahre bloß keine engen Kurven!

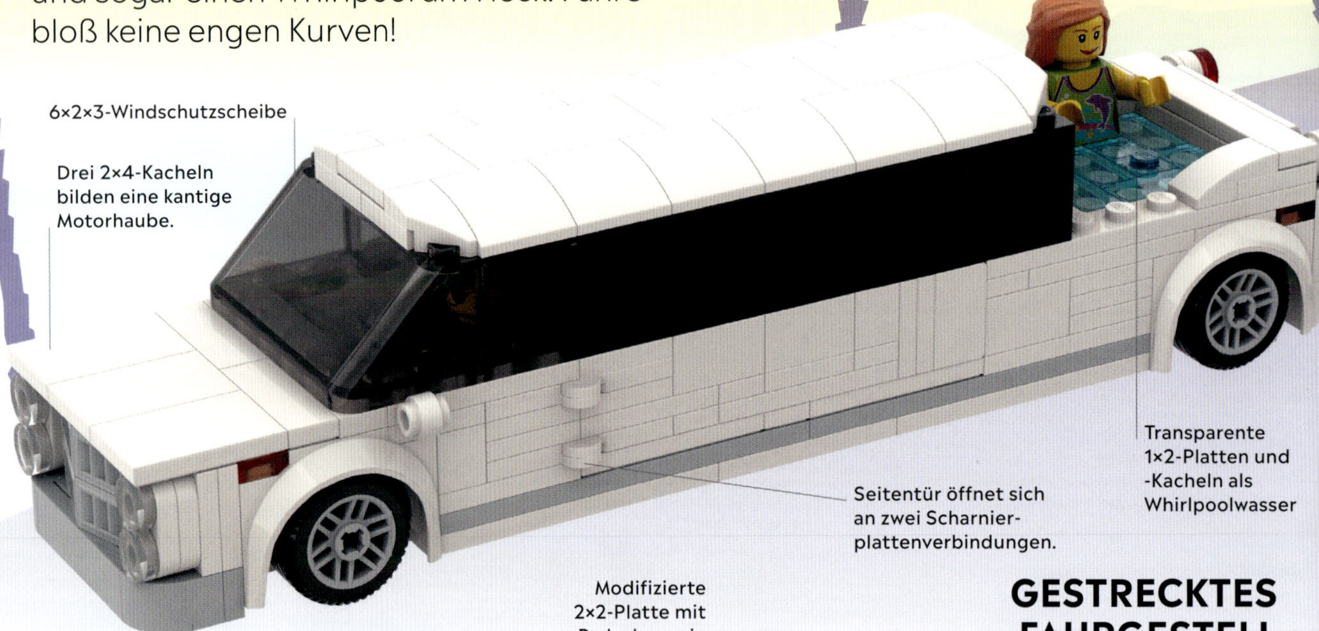

GESTRECKTES FAHRGESTELL

Ein extralanges Auto benötigt ein Fahrgestell in doppelter Länge. Die Basis dieser Limousine besteht aus zwei vorgefertigten Fahrgestellelementen. An beiden Enden sitzen zwei Platten mit Radpins und darunter und daneben weiße Platten.

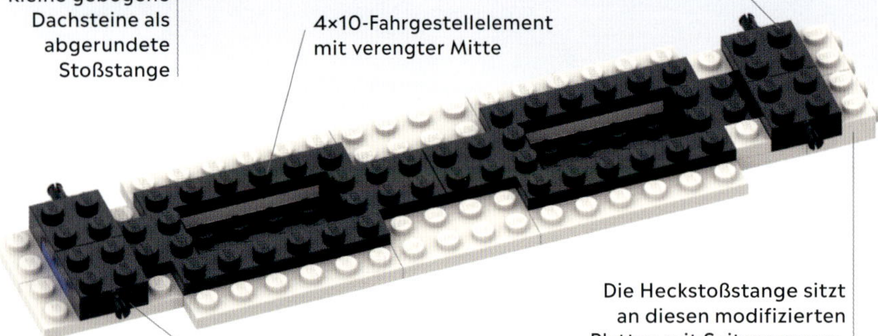

CHAUFFEURSITZ

Wenn du weiße Platten auf das Fahrgestell aufgesetzt hast, baust du schneeweiße Kotflügel über die Radachsenpins sowie Sitz und Lenkrad für den Chauffeur ein. Am hinteren Ende setzt du Steine und weitere Platten auf als ein Podest für den Whirlpool.

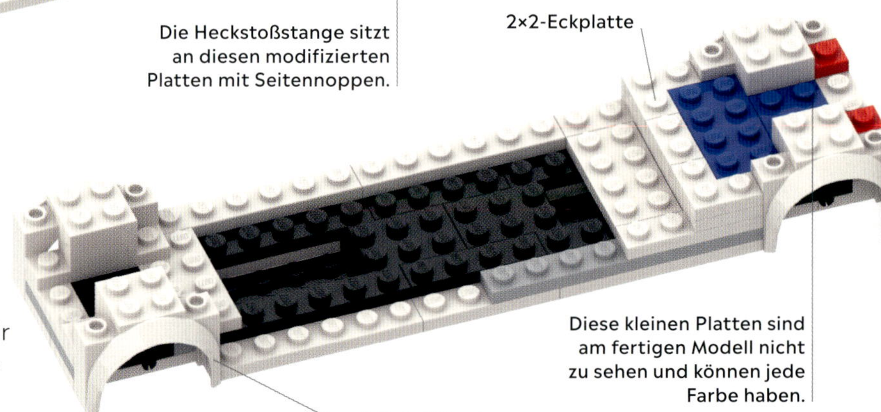

STOSSSTANGEN

Beide Stoßstangen der Limousine werden separat gebaut. An der Frontstoßstange sitzen ein spitzer silberner Kühler und cool wirkende Doppelscheinwerfer. An die Heckstoßstange werden mit der gleichen Technik passende Doppelheckleuchten angebaut.

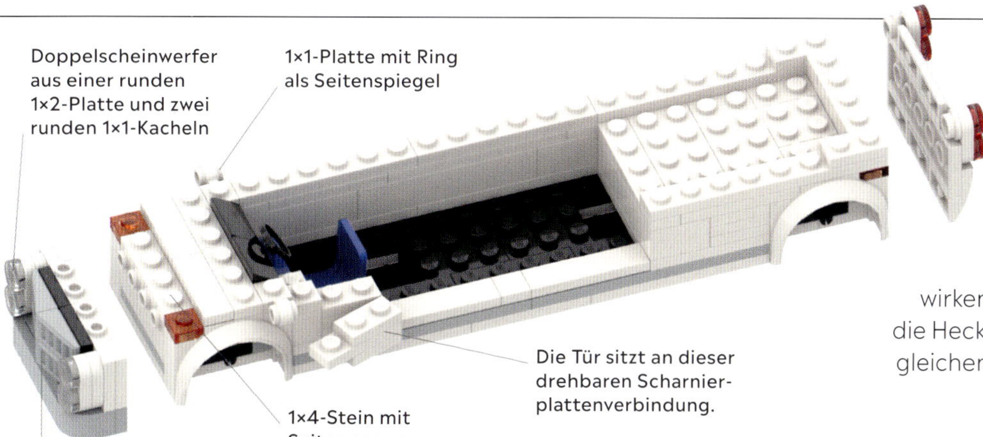

KARAOKE-PARTY

Baue die Rauchglaswindschutzscheibe und geschwärzte Fenster an – und die Party kann losgehen! Setze Elemente mit Seitennoppen in die Tür ein, um die Karaokemaschine und andere Partydetails zu befestigen.

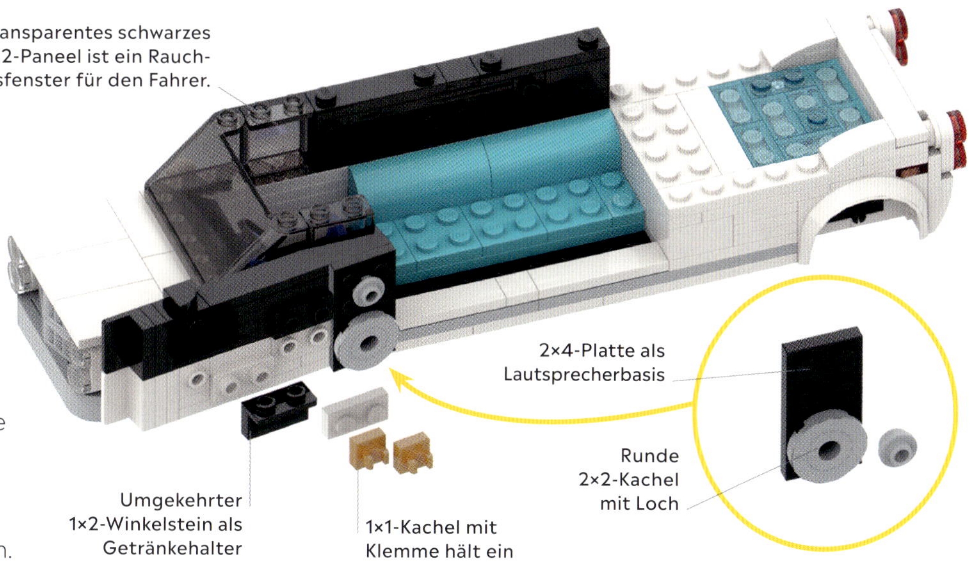

ABHEBBARES DACH

Das lange weiße Dach der Limousine hat eine Basis aus Platten und darauf Kacheln und gebogene Dachsteine. Es sitzt auf vier freien Noppen an einer Seite und kann leicht abgenommen werden.

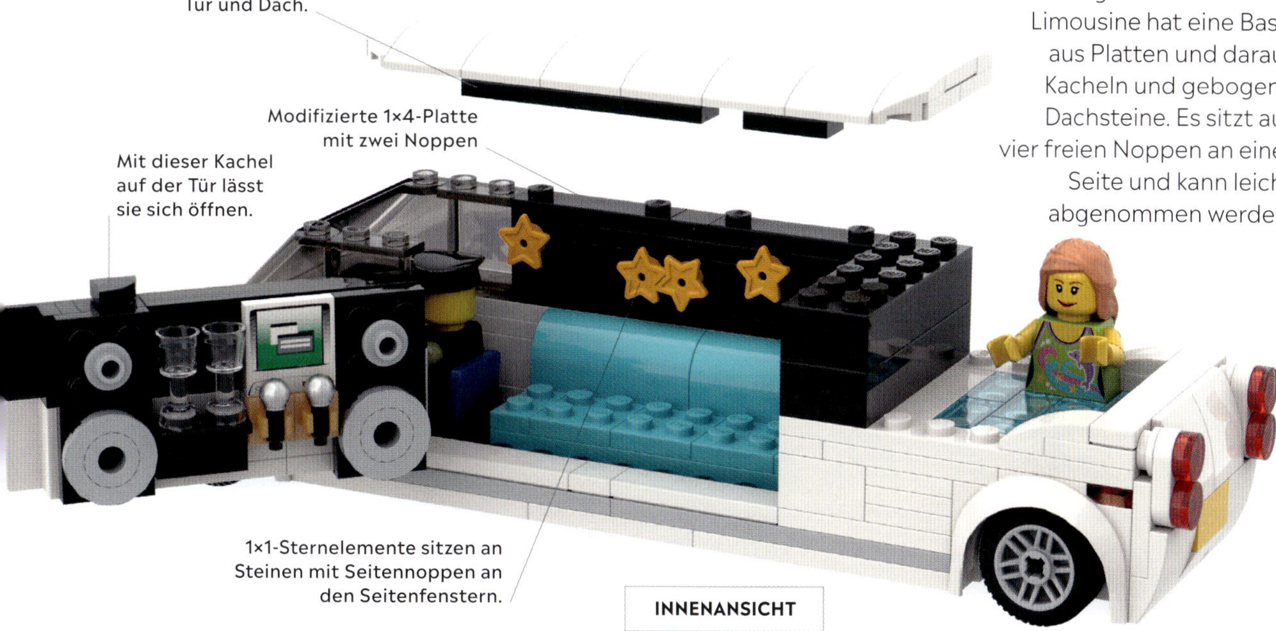

INNENANSICHT

DK | Penguin Random House

Der DK Verlag dankt Randi Sørensen, Heidi K. Jensen, Paul Hansford, Martin Leighton Lindhardt, Nina Koopmann, Charlotte Neidhardt und Torben Vad Nissen von der LEGO Gruppe, Nate Dias für alle Modellbilder und Baudetails und Jessica Farrell für ihre Anmerkungen zu LEGO Bautechniken.

Lektorat Helen Murray, Paula Regan, Mark Searle
Gestaltung und Bildredaktion Jenny Edwards, Jo Connor
Herstellung Jennifer Murray, Louise Daly

Erstellt für DK von Plum Jam
Lektorat Hannah Dolan
Gestaltung Guy Harvey

Für die deutsche Ausgabe:
Projektbetreuung Christian Noß
Herstellungskoordination Bettina Bähnsch
Herstellung Evely Xie

Titel der englischen Originalausgabe:
How to Build LEGO Cars

Manufactured by Dorling Kindersley,
20 Vauxhall Bridge Road, London SW1V 2SA,
under licence from the LEGO Group.

The authorised representative in the EEA is
Dorling Kindersley Verlag GmbH,
Arnulfstr. 124, 80636 Munich, Germany

Übersetzung Dr. Michael Schmidt

ISBN 978-3-8310-4271-5
5902-324047-22255-04

Druck und Bindung Leo Paper Products, China

FSC MIX Papier | Fördert gute Waldnutzung FSC® C018179

www.dk-verlag.de
www.LEGO.com